Allitera Verlag

edition monacensia
Herausgeber: Monacensia
Literaturarchiv und Bibliothek
Dr. Elisabeth Tworek

Oskar Maria Graf

Licht und Schatten

Eine Sammlung zeitgemäßer Märchen

Mit einer Einleitung von Dr. Manfred Georg

Text der Erstausgabe von 1927

Nachwort und Textrevision von
Ulrich Dittmann

Allitera Verlag

Weitere Informationen über den Verlag und sein Programm unter:
www.allitera.de

Mai 2017
Allitera Verlag
Ein Verlag der Buch&media GmbH, München

Deutsche Erstausgabe 1927 erschienen im Verlag der Neuen Gesellschaft
GmbH Berlin-Hessenwinkel

Umschlaggestaltung und Herstellung: Johanna Conrad, Augsburg
Umschlagbild: Porträt Oskar Maria Graf von Christian Thanhäuser
Printed in Europe ISBN 978-3-86906-959-3

Meiner achtjährigen
TOCHTER ANNAMIRL
für jetzt und später

Inhalt

Einleitung von Dr. Manfred Georg

Im großen und ganzen hat die gegenwärtige Literatur keinen nennenswerten Einfluß auf die Massen in Deutschland. Schuld daran ist vor allem die Tatsache, daß sie in ihrer historischen Gegebenheit als geistiger Experimentierfaktor der Übergangszeit nicht bietet, was Literaturen einer geformten und fest in sich ruhenden Epoche zu geben vermögen. Als Ausdruck des geistigen Lebens spiegelt sie die Strömungen und Gegenströmungen wider, die in unendlicher Vielfalt das Chaos des Heute bilden, ohne daß sich schon Konturen einer neuen Dichtung zeigen, die die Realität der Gegenwart und die Visionen der Zukunft schöpferisch vereint.

Die Atmosphäre der Abstraktion, die immer dann absolut herrschen wird, wenn das Leben eines Volkes ins Einzelne zerfällt und auf den Trümmern der zusammengestürzten Weltanschauungen sich nichts weiter zeigt als ein gespenstiges Aufleuchten von Theorien, die bisher nur als Ahnungen ins allgemeine Bewußtsein gedrungen sind, hemmt die gesamte produktive Tätigkeit. Äußerste Skepsis und Abkehr von der Überlieferung verbinden sich mit jungem Willen, ohne zu sichtbaren Resultaten zu kommen. Das proletarische Bewußtsein tastet zögernd in eine Welt vor, die es noch nicht beherrscht und deren Mittel es sich aneignet, um zum eigenen Ausdruck zu gelangen. Aber das alte Werkzeug verdirbt notwendigerweise den neuen Stoff. So bleibt nur das Warten auf das Werden und Reifen jener Lebensform, die aus den Kämpfen der Gegenwart schließlich doch geboren werden wird. Erst dann wird auch die in die Wolken ragende Stirn des Genies den festen Boden unter den Füßen spüren, der seiner Schöpfung allein irdische Gestalt und Wirksamkeit geben kann.

Ganz stark wird die Gewißheit der Notwendigkeit letzter Verbindung mit dem Boden, wenn man das Werk Oskar Maria Grafs betrachtet, der unter den empörerischen Dichtern der Gegenwart deshalb eine Sonderstellung einnimmt, weil bei ihm das Caféhausliterarische und das Intellektualistische der sogenannten revolutionären Literatur, größtenteils ein Produkt hysterischer Bürgersöhnchen, fehlen. Graf ist ein Mensch, der unmittelbar aus der Tiefe kommt. Nicht aus der der Fabriken oder Bergwerksschächte, sondern aus der fruchtbaren des bäuerischen Bodens, dumpf und schwer vom bayerischen Land in die Großstadt. Geboren in Berg am Starnberger See, Sohn einer seltsamen Familie, die den Aufwärtsdrang und die Zähigkeit des schollenverhafteten Ackerers mit einer außerordentlichen geistigen Begabung und dem Rang zu phantastischer Weite in ihren Mitgliedern mit den merkwürdigsten Erfolgen eint, kommt er früh, vom Zwang einer unbewußten Sendung getrieben, in die Großstadt München. Er hungert, dichtet, wird Bäckergeselle, hungert wieder, wird Soldat, meutert, kommt in ein Irrenhaus, entkommt unter großen Schwierigkeiten seinen militärischen Peinigern, gerät in die Wirren der Rätezeit, sitzt wieder im Gefängnis, hungert, schreibt, trifft eine jüdische Studentin, die ihm die große Helferin seines Lebens wird und arbeitet rastlos und zäh. Allmählich kommt der Erfolg. Es erscheint die »Frühzeit«, die köstlichste Autobiographie eines proletarischen Dichters, die wir haben, dann in bunter Folge Gedichte voll starken Empfindens und reifer künstlerischer Form, als Nachklang von Jugendliebhabereien, die Indianergeschichten »Ua-Pua«, Kunstbücher über Maria Uhden und Georg Schrimpf, kleine Monographien, die an intuitiver Erfassung des Wesens der Kunst Fabelhaftes geben, und schließlich der aufrührerische Novellenband »Zur freundlichen Erinnerung«, soziale Zeitsatiren von letzter Schärfe, sowie »Die Traumdeuter« (Verlag Herder, Freiburg) und »Das bayrische Lesebücherl«.

So bunt dieses Werk in seiner Zusammensetzung erscheinen mag, hat es doch einen gemeinsamen Grundzug. Es ist immer dort überwältigend und hinreißend, wo es unmittelbar an das Naturhafte stößt. Die frühen Arbeiten sind Zeichen der großen und vielseitigen Begabung Grafs. Was er jetzt zuletzt aber bot, das ist in seinem unerbittlichen Realismus, der aber nicht kultureller Abkehricht, sondern der auch bis in mystische Grenzgebiete vorstoßende Wahrheitsfanatismus des Urbauern ist, die Offenbarung einer Kraft, die elementar in ihren letzten Gründen nicht erklärt, sondern geglaubt werden kann. Durch Graf vollzieht sich wieder einmal das Wunder, daß ein Menschenbaum in der dürrsten Heide der begrenztesten Heimat plötzlich zu blühen anfängt, und daß er, ein heimisches und mit dem heimischen Boden untrennbar verbundenes Produkt, mit seinen Ästen und

Früchten der europäischen Flora angehört. Graf ist der Dichter einer Zeit, die Amerika und das Getreidefeld in Deutschland zu einem Begriff verschmelzen wird. Denn er ist durchaus Zeitgenosse den Kommenden. Aber nicht wie der entwurzelte Schriftsteller-Repräsentant der Gegenwart ein Flüchtling der Zeit, sondern ein Sieger, der sich in ihr sein Haus baut.

Unsentimental, mit einem unerbittlich scharfen Blick und einem großen Glauben an sich selbst, verkörpert er gewissermaßen in seiner Person den idealen Proletarier der Zukunft. Wie weit er Pionier nur, wie weit er vielleicht auch Meister sein wird, wenn die Distanz der Jahre dazwischen liegt, ist heute noch nicht abzusehen. Aber zu sagen ist, daß hier ein Kerl existiert, dessen revolutionäres Wollen nicht nervischer Überreizung, sondern dem Urtrieb zum Umstürzen und Schaffen entspringt. Vorläufig wird sich Bayern dieses Sohnes wahrscheinlich kaum freuen. Denn wenn nichts von den Heldentaten unseres südlichen Bruders übrig bleiben würde, mit dem bayerischen Lesebücherl allein ist ein Dokument geschaffen, in dessen hundert Seiten der ganze Inhalt eines Landes, seiner Geschichte und seiner Bewohner steht. Und in den sozialen Novellen wird auf drei Seiten gesagt, wozu die Theoretiker drei Bände brauchen. Konzentration, Klarheit, Aufrichtigkeit und ein jenseits der Grenzen von Sympathien und Antipathien liegendes Können legitimieren Graf als einen derjenigen, der zu den schöpferischsten Elementen der deutschen Gegenwart gehört.

Manfred Georg.

Wollgramm

Vor ungefähr einem Jahrhundert, als eben die ersten Fabriken entstanden, lebte im Erzgebirge ein Handelsmann Namens Wollgramm. Der verkaufte jahraus, jahrein auf den üblichen Trödel- und Jahrmärkten bunte Wolle, die ihm die armen Weber der Gegend gegen geringes Entgelt lieferten. Nach altem Herkommen hatte so ein Päckchen Wolle stets ein Gramm, nicht mehr und nicht weniger.

Lange Zeit verdiente unser Handelsmann auf solche Weise sein Geld rechtlich. Eines Tages aber, als er wieder einmal seinen Stand auf einem Markt aufschlug, sah er, daß ein anderer Kaufmann ihm gegenüber Fabrikwolle in viel größeren Päckchen feil hielt und rasch die ganzen Käufer für sich gewann. Betrübt sah Wollgramm dem Treiben zu, und als der Tag zu Ende war, hatte er nicht einen Pfennig eingenommen. Traurig packte er zusammen und wanderte weiter. Er kam nicht mehr zu den armen Webern und konnte nichts mehr brauchen, denn überall, wo er auch hinkam, hatte schon der Händler mit der Fabrikwolle seinen Stand aufgeschlagen, und niemand kümmerte sich mehr um unseren Handelsmann. Bald geriet er in größte Not und faßte den bösen Plan, seinen Gegner zu töten.

Auch die armen Weber waren auf den fremden Handelsmann erbittert und beschlossen insgeheim dasselbe, und als Wollgramm eines Tages durch so ein ärmliches Weberdorf tief im Gebirge drinnen kam, zogen sie ihn in eine Hütte und sagten ihm geradeheraus: »Gell, Du kannst keine Wolle mehr brauchen, weil der fremde Händler Dir das Brot wegnimmt? Wir wissen es schon!«

Und Wollgramm nickte traurig und düster. Durch das viele Hungern war sein Geist schon nicht mehr recht lebendig.

»Ein Gramm Wolle! Ein Gramm Wolle, nicht mehr und nicht weniger!« plapperte er in einem fort heraus und sah verstört ins Leere. Die Weber faßte ein großes Mitleid und sie gaben ihm von dem Wenigen, das sie hatten, zu essen. Aber er nahm nichts. Unheimlich stand er mitten unter ihnen. Wie ein lebendiges Knochengerüst klapperte sein

Leib und immer rief seine schier unterirdische Stimme: »Ein Gramm Wolle! Ein Gramm Wolle, nicht mehr und nicht weniger!«

»Ja, ein Gramm Wolle, nicht mehr und nicht weniger!« stimmten da die Weber mit ein und zogen mit Prügeln und Dreschflegeln bewaffnet zu Tal und trugen Wollgramm voraus. Überall gesellten sich zu ihnen neue erbitterte Weber und weiter ging's mit dem gleichen Kampfgeschrei bis in die nahe kleine Stadt, wo gerade Markt war.

Als die Leute den Haufen wilder, zorniger Weber sahen, versperrten sie ihre Türen und machten die Läden zu. Auf dem Marktplatz stand eine dichte Menge um den schreienden, seine Ware ausrufenden Händler mit der Fabrikwolle und stob jäh auseinander. Durch eine weite Gasse rannte das empörte Webervolk auf den Vernichter ihres Broterwerbs zu. Der aber sprang eilig zur Seite und lief durch die nächste Gasse, geradeaus und dann wieder krumm, bis ihn niemand mehr sah. Seine hintengelassene Wolle vernichteten die Weber aus Wut und weiter zogen sie, aus der Stadt, dahin auf den verschneiten Landstraßen, an nichts mehr denkend als an Rache und Vergeltung.

Die verängsteten Stadtbewohner aber verständigten die Polizei und die wieder alarmierte das Militär und zog gegen die Weber.

Draußen vor der Stadt, auf dem freien Feld, kam es zu einem blutigen Kampf. Unter den Streichen der Säbel, unter den Schüssen der Soldaten fielen die armen Weber. Jeder hielt sich mannhaft und jeder rief noch sterbend: »Ein Gramm Wolle! Für unser Recht, nicht mehr und nicht weniger!«

Und als sie alle tot und verblutet im weißen Schnee lagen, rief es noch immer geisterhaft über die weite Fläche und hörte nicht auf. Wie gelähmt vom Schreck hielten die Polizisten und Soldaten inne und lauschten und starrten hin und her, ob denn nicht noch irgendwo versteckt ein Weber lebe.

Und auf einmal war es, als stünden wieder alle Erschlagenen auf, schwarz und zerschunden und düster und schwebten langsam durch die graue Winterluft gen Himmel.

»Ein Gramm Wolle! Nicht mehr und nicht weniger für unser Recht!« klang es über die Weiten, und Soldaten und Polizisten ergriffen entsetzt die Flucht. Und als sie so rannten, fielen vom Himmel herab kleine Päckchen Wolle, dunkel wie Blutstropfen. Das Land ringsherum bedeckten sie ganz und gar.

Und seitdem wächst in der dortigen Gegend nichts mehr. Nur hin und wieder kann man spärliche, blutrote Blümlein aus dem steinigen Boden aufsprießen sehen und wer sie pflückt, über den kommt ein Unglück.

Zu Jahrmarktszeiten gehen nächtens die erschlagenen Weber um und klopfen an die Türen und Wände und Fenster. Und schaurig wimmern sie in den Schlaf der Satten: »Ein Gramm Wolle für unser Recht! Nicht mehr und nicht weniger!«

Und ist es Winter oder Sommer, sie stecken Blumen an die Türen, die, wenn man sie anrührt, zu Wolle werden und wenn man mit ihr stricken will, wieder zergeht.

Man erzählt, wenn man bei einem solchen Ereignis aufschaut ins Hohe, so erscheine der Geist Wollgramms, weitspurig durch die Luft schreitend und klappernd wie ein Knochengerüst ....

Was das Vaterland einmal erlebte …

Das Vaterland wollte einmal wissen, wer es am meisten liebt und verwandelte sich in einen Menschen, zog Kleider an und besuchte nacheinander seine verschiedenen Bewohner.

Im Augenblick, da es auf seinem eigenen Boden stand, befand es sich vor einem mächtigen Haus, inmitten der bewegten Stadt und vernahm schmetternde Musik. Es war eine laue Sommernacht und lange Züge von Menschen, die schwarze Bratenröcke anhatten und Zylinder trugen, marschierten aus den Straßen und Gassen und verschwanden in dem Haus. Alle sangen und waren lustig, ja fast übermütig. Eine stolze, bunte Fahne wehte vor jedem dieser Züge, dahinter schritten Trommler und Trompeter. Gerade schön war es zum Ansehen.

»Ah,« sagte sich das Vaterland, »meine Bewohner sind fröhliche Leute. Sie fühlen sich wohl auf meinem Boden,« und weil es über dem Tore des Hauses ein großes, leuchtendes Schild mit der Aufschrift »Vaterländische Feier« bemerkte, freute es sich verdoppelt und ging mit den vielen Menschen in das Haus. Sein Herz schlug heftig und eine gewaltige Rührung befiel es, als es in einen guirlandengezierten, großen, großen Saal kam, wo all die Leute sich eingefunden hatten. Unbeschreiblich schön war es hier. Männer in sagenhaft bunten Uniformen, mit scheppernden, dicken Orden auf der Brust, auf den prallen, roten Köpfen blinkende Helme und am Gürtel lange Säbel, standen enggereiht auf einer Bühne. Sie redeten freundlich zueinander, drückten sich ab und zu die Hände und lachten brüderlich. Sie sahen mit zufriedenem Stolz auf die Menge der Schwarzröcke hinunter, die um die Tische saßen und aus großen Krügen Bier tranken und ebenso munter waren wie sie. Begeisterung herrschte überall, die Musik dröhnte, daß schier die Wände erzitterten, und das Geräusch der vielen Gespräche erfüllte den riesigen Raum. Immer noch mehr Leute strömten herein und wurden mit »Hochrufen« empfangen, großer Lärm entstand bisweilen, und endlich hörte die Musik auf. Ein Mann auf der Bühne schwang eine Glocke, und stiller wurde es. Schüchtern setzte sich das Vaterland an einen Tisch und schaute wie alle erwartungsvoll nach dem Mann, der nun zu läuten aufhörte, seinen Helm auf den Tisch legte und also redete:

»Kameraden! Veteranen, Soldaten und Patrioten! Bevor ich überhaupt beginne, möchte ich Euch auffordern, mit mir die Hand zum Schwure zu erheben –«

Es klang wirklich beschwörend, und alle standen auf und hoben feierlich die Hände.

»– und mit mir das Gelöbnis zu wiederholen!« schrie der Mann bereits heiser in die Stille, nahm schnell seinen Bierkrug und tat einen kräftigen Schluck, um dann wie neugestärkt fortzufahren: »Unser Leib, unser Leben, unser Besitz, unsere Seele und alles, was uns sonstig lieb und wert ist, gehört dem Vaterlande! Wir sind bereit, es zu jeder Stunde hinzugeben, wenn das Vaterland in Not ist und schwören es! Hurra! Hurra! Hurra!!«

Mächtig, ja fast furchtbar klang es über alle Köpfe hinweg und noch kraftvoller und hingerissener erscholl aus allen Kehlen die Antwort: »Wir schwören es, Hurra! Hurra! Hurra!!«

Dem Vaterland traten die Tränen in die Augen vor Ergriffenheit. Eine unbeschreibliche Freude ergoß sich in all' seine Adern und ohne Rücksicht auf das, was rundherum vorging, erhob es sich hastig, rannte durch die verwunderten Männer und war im Nu neben dem Mann auf der Bühne, welcher eben wieder zum Worte ausholen wollte. Ein Murren, ärgerliche Rufe und vereinzeltes Schimpfen wurden hörbar, alle uniformierten Männer waren erregt aufgesprungen und umgaben das ärmlich gekleidete Vaterland und riefen: »Was ist das? Was wollen Sie! Verschwinden Sie, marsch!« »Ich bin Euer Vaterland, geliebte Männer! Ich –« rief dieses und lächelte glückselig, aber die Unruhe im ganzen Saale schwoll und schwoll zu einem drohenden Lärm, daß es kein Wort mehr herausbringen konnte.

»Was Vaterland! Was heißt das, Sie Lump! Machen Sie, daß Sie hinauskommen!« herrschte ein Offizier das erschrockene Vaterland an und versetzte ihm einen Stoß. »Ich bin auferstanden als Mensch, um zu sehen, wer mich am meisten liebt!!« schrie dieses mit aller Kraft, aber schon regneten Püffe auf es nieder.

»Hinaus, Narr! Fort da! Fort, Sie Lump!« plärrte es allerorten.

»Was! Der? Vaterland? Hat nicht einmal einen ganzen Rock?! Was?! Schlagt ihn, haut ihn!« lärmte es durcheinander.

»Lieben? Solchen Auswurf lieben!?« brüllten einige noch ärger.
Und: »Schutzmann! Schutzmann! Polizei!« rief es von allen Seiten.

»Sowas heißt sich Vaterland und kommt daher dreckig wie ein Bettler!« polterte ein Mann überlaut und alle stimmten mit ein.

»Hinaus! Fort! Raus damit!« hörte man unaufhörlich: »Hinaus mit diesem schäbigen Lumpen! Fort, ins Zuchthaus mit dem Taugenichts!«

Und mit krummgeschlagenen Gliedern erwachte das blutüberströmte Vaterland auf der dunklen Straße. Die Laternen waren ausgelöscht, kein Fenster leuchtete mehr, keine Musik war mehr. Nur in der Ferne sangen etliche Betrunkene immerfort in gröhlendem Ton:

»Mi-it He-eerz un-und Hand, mit dem Säbel i-i-in der Hand f-ü-ürs Va-a-aaa-aterland, fürs Vaa-aterlaa-and!«

Das Vaterland richtete sich mühselig auf und wollte unerkannt noch vor Morgengrauen aus der Stadt. Es ging an einen nahen Brunnen und wusch sich, schlich ängstlich an den Schutzmännern vorüber, die da und dort standen und gelangte unangefochten in eine Gegend, wo lauter schöne Häuser standen. Es war bereits heller Morgen, und kurzerhand ging es in ein solches Haus, das einem Fabrikherrn gehörte, der eben aus der Tür trat.

»Ich bin Dein Vaterland,« sagte es zu dem mürrisch dreinschauenden Mann: »Ich habe argen Hunger, gib mir etwas zu essen und ein wenig Zehrgeld ..!«

Der Fabrikherr furchte ärgerlich die Stirn, musterte den Bettler von oben bis unten, sagte gar nichts, rief seinen Diener und schimpfte: »Joseph! ... Warum sind Sie nicht da, wenn jemand läutet? ... Diese Bettler werden in der letzten Zeit nachgerade aufdringlich ... Hüten Sie die Tür besser.«

Und ohne sich weiter um das Vaterland zu kümmern, ging der Mann auf sein wartendes Auto zu, stieg ein und fuhr in die Fabrik. Das Vaterland machte sich flugs davon, stellte sich vor das Fabriktor und als der Mann ausstieg, redete es ihn abermals an: »Hast Du keine Zeit für mich? ... Ich bin Dein Vaterland.« Da aber wurde der Fabrikherr zornrot und stampfte mit beiden Füßen vor Wut. »Was Vaterland!« schrie er: »Scher Dich weg von hier! Ich muß an die Arbeit! Fort da, fort!« und wollte das Vaterland wegschieben. Dieses aber blieb felsenfest stehen und sagte beschwörend: »Ich halte und trage Dich, Mann!

Wenn ich nicht geliebt werde, geht Ihr alle unter!«

Jetzt aber brach der Fabrikherr in ein höhnisches Gelächter aus und rief geringschätzig: »Pah! ... Du trägst uns, Du ..?... Wir halten und tragen Dich, dummer Teufel!... Und übrigens: Vaterland hin, Vaterland her! Was heißt das! Was ist das für ein dummes Geschwätz! Hier!« Und damit deutete er auf seine riesige Fabrik: »Hier, das ist mein Vaterland! .. Und ob das auf Deinem Boden steht oder in einem anderen Land, das ist gleichgültig! Fort da! Fort jetzt, ich habe keine Zeit!«

Und damit ließ er das Vaterland stehen. Aber das verlor seinen Mut nicht. »Nun,« sagte es zu sich selber, »der Mann ist ein Rohling, so sind nicht alle!« Und weiter ging es, aus der Stadt, zu den erntenden Bauern auf die Felder. Die aber hielten von der Arbeit inne und brummten: »Hja! jetzt wirds gut, jetzt kommen die Bettler schon aufs Feld heraus.«

»Ich bin Euer Vaterland!« beschwichtigte sie das Vaterland und klagte ihnen seine Not.

»Soso,« sagten da die Bauern und glotzten hämisch drein: »Du bist das Vaterland? .. Und kommst daher wie ein Strolch? .. Nein, nein, mein Lieber, uns täuschest Du nicht, Du arbeitsscheuer Lump! .... Uns hilft auch keiner, scher dich zum Teufel!«

»Aber liebe Bauern!« rief das Vaterland bedrückt: »Die Ernte ist heuer doch so gut! Gebt mir doch wenigstens einen Teil davon!«

Dies aber machte die Bauern wütend. Sie nahmen eine drohende Haltung ein und schrien: »Was? .. Was sagst Du? Dir was geben? .... Die Ernte bekommt der, welcher am meisten bezahlt, basta! Und jetzt geh, sonst passiert Dir was!«

Da ging das Vaterland traurig von dannen. Es wagte nicht mehr ins nahe Dorf zu gehen, es wanderte wieder in die Stadt und kam erst bei Einbruch der Nacht dort an. Am Gittertor eines prächtigen Palastes zog es die Glocke. Es erschien ein Diener mit strenger Miene und fragte barsch nach des Bettlers Begehr.

»Ich bin Dein und Deines Herrn Vaterland, laß mich ein, Diener. Ich will zu Deinem Herrn,« rief das Vaterland mannhaft und drückte schon das halbgeöffnete Tor auf. Da aber schlug der Diener Lärm, und es kamen gleich mehrere seinesgleichen aus dem Palaste und stießen den Bettlersmann auf die Straße. Nun sann das Vaterland nach einer List und verwandelte sich in eine Traumgestalt, alsdann erschien es dem reichen Palastherrn im Schlafe.

»Ich bin Dein Vaterland! Ich brauche in der höchsten Not Deine

Hilfe, Herr!« redete es den Mann in den seidenen Flaumkissen an und trat ganz nahe an sein Bett. Der Erwachte hob mürrisch seinen Kopf und seufzte: »Ach Gott, ach Gott! Nicht einmal nachts hat man Ruhe vor Euch Bettlern!«

Und als er sich die Augen ausgerieben hatte und nun das Vaterland ansah, sagte er kurz: »Ich habe Dich nie gebraucht, geh! .. Ich leihe Geld und lebe von den Zinsen, geh!«

Das also angesprochene Vaterland aber wich nicht und wiederholte seine Bitte. Aber jetzt wurde der Palastherr ungeduldig und zeterte: »Geh, sag ich! .. Trägst Du vielleicht Zinsen, wenn ich Dir was gebe ...?... Mein Reichtum ist mir genug! Was brauch' ich Dich! Geh jetzt endlich!«

Da verschwand das Vaterland ohne ein Wort. Weil aber schon höchster Mond war, und alles schlief wandelte es eine Zeitlang ziellos herum. Unter einem hellen Fenster blieb es stehen. »Wer mag da wohl noch wach sein in so tiefer Nacht?« fragte es sich und sah an das Schild der Haustüre. Darauf stand: »Kaspar Liegersinn, königlicher Universitätsprofessor und Astronom«.

»Ein gelehrter Mann! Ein edler Mann! Da bin ich recht!« murmelte das Vaterland befriedigt, und da der vergeßliche Professor die Türe nicht zugesperrt hatte, gelangte es bis in sein stilles Stübchen. Es traf den Astronomen in dicke Bücher vertieft und rief ihn nach einer Weile an: »Guten Abend, Herr Professor!« »Was? .. Was ist das?« schrak der Mann auf und stierte auf den ungewohnten Eindringling.

»Fürchten Sie sich nicht, lieber, edler Gelehrter, ich bin Ihr Vaterland .. Ich bin in höchster Not!« sagte das Vaterland sanft. Inzwischen aber hatte der Astronom längst die Fassung wieder gewonnen und las bereits weiter in seinem dicken Buche.

»Ich bin Ihr Vaterland, Herr Professor!« rief dieses lauter und rüttelte dessen Schulter: »Man muß mich lieben!«

Der Gelehrte aber fuhr auf einmal unwirsch herum und krächzte ohne sich von seiner Arbeit abbringen zu lassen: »Was Vaterland! ... Um das geht es nicht! .. Die Frage ist, ob der Mars Bewohner hat ..!« Erregt stach er den Zirkel in den Tisch.

Und schon las er wieder weiter. Das Vaterland stand eine Weile benommen da und verließ schweigend die Stube. Drunten angekommen, war schon heller Morgen, und ein Kaufmann zog eben seine Rolläden hinauf.

»Mein lieber Bewohner,« redete das Vaterland den Mann an und zog ihn in den Laden: »Sieh mich an, ich bin Dein Vaterland! Wenn mir nicht geholfen wird, geht es nicht mehr weiter mit mir … Du mußt mich unterstützen.«

Der dickkopfige Kaufmann bekam Falten auf seiner glänzenden Stirn und sagte nicht gerade abweisend: »Hm, gewiß, wenn die Sache einen Gewinn abwirft, warum nicht.«

Nun aber stemmte sich das Vaterland erzürnt auf den Ladentisch und rief: »Gewinn?! … Dem bedrängten Vaterland muß man opfern in der Not!«

»In der Not ..?« erwiderte der Kaufmann spöttisch: »Nein, darauf kann ich mich nicht einlassen, das ist eine verlorene Sache … Komm wieder, wenn ich ein reicher Mann geworden bin! … Wenn Du jetzt schon von mir was verlangst, muß ich in ein anderes Land reisen und mich dort niederlassen.«

»So?!« rief das Vaterland, blickte den Mann verächtlich an, wandte sich um und trat aus dem Laden. Kopfschüttelnd sah ihm der Kaufmann nach und brummte für sich: »Geschäft ist Geschäft.«

Und nach all diesen Enttäuschungen ging das Vaterland zu den Beamten, stellte sich vor sie hin und sagte: »Beamte, Ihr dienet doch alle Eurem Vaterlande und liebet es?«

Und: »Ja!« antworteten die ganzen Beamten zugleich.

»Ich bin es,« rief daraufhin das Vaterland, »seht mich an, ich bin in arger Not … Ihr müßt mir eine Zeit lang umsonst dienen, bis ich mich wieder etwas aufgerichtet habe … Jeder muß opfern.«

Da machten die Beamten allesamt lange Gesichter und riefen: »Um Gotteswillen, das geht nicht! Dann müssen wir uns um eine andere Arbeit umsehen. So können wir nicht leben.«

»Nun,« meinte das Vaterland einschmeichelnd, »so meinte ich es ja auch nicht! Aber das geht doch, daß Ihr für einige Zeit um die Hälfte Eures Lohnes arbeitet, bis ich wieder etwas aus meinen Schulden bin?«

Doch die Beamten machten nur noch betrübtere Gesichter, schüttelten zaghaft die Köpfe und antworteten abermals: »Nein, das geht nicht! … Wir wären doch nie Beamte geworden, wenn Du uns nicht bezahlen würdest ..«

»Hm, also auch Ihr liebt mich nicht,« erwiderte da das Vaterland nur und ging wie von allen anderen Bewohnern vorher. In seiner Verzweiflung sann es auf alle Listen und Finten und gelangte bis vor den König.

»König!« sprach es den Herrscher an, »siehe, ich bin in größter Not, hilf mir! ...« Der König erhob sich von seinem Thronsessel und sagte: »Ich bin der Herrscher über Dich! ... Es ist gut, daß Du mir Deine Not gesagt hast ... Ich will schauen, was sich dagegen machen läßt ... Ich werde sofort neue Steuern erlassen und –«

»Wie?« fuhr ihm das Vaterland verblüfft ins Wort, »Steuern? ... Nein! Ich wende mich an Dich um ein Opfer. Du hast doch große Besitztümer und Gold und Schlösser in Hülle und Fülle! .. Gib nur einen Teil davon her und ich bin gerettet.«

Der König bekam nach dieser Rede eine finstere Miene und befahl, das Vaterland sofort aus seiner Residenz zu entfernen. – – –

Es regnete auf den Straßen. Es pfiff ein kalter Wind. Kein Mensch war zu sehen. Allein stand das Vaterland, frierend und verlassen. Es weinte.

Und endlich ging es weiter, lange Straßen hindurch und immer weiter. Es wollte keinen Menschen mehr anreden. Aber als der Regen immer stärker wurde, trat es in eine Kirche, die am Wege stand, und da es sah, daß der Pfarrherr in der Sakristei stand, ging es zu ihm und sprach: »Hochwürdiger Herr, ich bin das Vaterland! Ihr habt gewiß ein Herz helft mir! ... Ich bin bettelarm, und soviel ich an Eurem Leibesumfang sehe, leidet Ihr keine Not ... Könnt Ihr mir nicht helfen?«

»Hm,« räusperte sich der Pfarrer verlegen, »ja, ich will Dir einige Kleider geben und einen Schirm, daß Du in dem Regen weiterkannst ..«

»Nein,« erwiderte aber das Vaterland so mein' ich das nicht! ... Ein Opfer will ich, hochwürdiger Herr! Mit einem Regenschirm und trockenen Kleidern ist mir nicht geholfen."

»Ein Opfer?« fragte der geistliche Herr verblüfft: »Nein, das kann ich nicht! ... Wir von der Kirche opfern nur Gott!« –

Und nach diesem letzten Mißlingen trat das Vaterland wieder aus der Kirche, ganz ohne jede Hoffnung. Patschnaß war es.

»Ist denn das Vaterland nur da, um zu tragen? Ist es nicht da, damit man ihm beisteht in der Not?« seufzte es vor sich hin und lehnte sich an eine Hauswand. Es schlotterte. Erschöpft rang es nach Luft.

Ein Bettler mit eingezogenen Schultern, die Hände tief in den Hosentaschen, kam des Weges. Auch er war durch und durch naß und fror. Er blieb stehen und sagte: »Kamerad, ist Dir nicht gut? .. Komm, ich weiß einen trockenen Winkel.«

Und damit nahm er das ermattete Vaterland am Arm und so schritten die beiden durch den strömenden Regen fürbaß und landeten endlich in einem Sandbehälter, in welchem etwas Stroh lag. Da das Vaterland ganz gebrochen war, bereitete ihm der Bettler ein Lager und dann erzählte ihm das Vaterland seine Erlebnisse. Der Alte hörte aufmerksam zu, und am Schluß sagte er warm und schmerzlich: »Ja, siehst Du, Vaterland, mir ist es auch so ergangen. Ich war einmal ein junger, flinker Bursch und hab mein Handwerk gekonnt. Damals hat mich jeder genommen und geschätzt. Dann aber hab' ich Unglück gehabt, bin krank und alt geworden mit der Zeit ... Und siehst Du, jetzt, jetzt will mich keiner mehr! .... So geht's auf der Welt ... Solang man jung ist und geben kann, ist man geachtet, wenn man aber vom Alter und von der Not niedergeworfen wird, schert sich kein Mensch mehr um einen – – .... Schlaf ein! Schlaf ein, dann kannst Du wenigstens für eine Weile vergessen!«

Und Beide weinten leise. Beide drückten sich die Hände wie Brüder. – – – –

Baberlababb

Es war einmal ein Lehrer in einem Taldorf im Gebirge, den fürchteten die Kinder seiner ganzen Schule schrecklich. Er war schnell zur Hand, wenn es zu prügeln galt und schenkte keiner Ausrede Glauben, mochte sie nun wahr oder erfunden sein. Er war baumlang, dürr, hatte einen Knebelbart und sah stets griesgrämig drein. Man erzählte in weitem Umkreis von ihm, er ginge, wenn er überhaupt jemals lache, zutiefst in den Keller, nur damit ihn keiner sehe.

Kam ein Kind zu spät, entschuldigten es die Eltern, wenn es krank war, oder bat ein Schüler auch noch so sehr bei einem Fehltritt um Verzeihung, er ließ nichts gelten, der grimmige Lehrer. Er machte nur jedesmal eine wegwerfende Handbewegung und brummte verbissen: »Baberlababb! Baberlababb, das gibt es nicht!«

Von den umliegenden Tälern kamen die Kinder in die Schule, von den Einöden, die ringsherum standen und von den paar Hütten, die hoch oben, schroff am Bergrand standen. In diesen Häusern wohnten arme Leute, die tagsüber ins Taldorf kamen und in der Weberei oder in der Sägemühle arbeiteten. Da droben war immer Schnee. Es wuchs selbst in den wärmeren Jahreszeiten nichts, denn überall, wo man hinsah, ragten schroff die felsigen Berge auf. Es kamen auch nie andere Menschen hier herauf. Es kam höchstens einmal vor, daß ein leichtsinniger Bergsteiger, der sich verirrt hatte, an irgend einer Bergwand sichtbar wurde und um Hilfe schrie. Dann und wann sah man einen Adler drohend in der grauen Luft kreisen oder Gemsen hurtig und leichtfüßig übers Gestein dahinjagen. Das war alles.

Früh, wenn es noch stockdunkel war, trotteten die Leute der Berghäuser durch den Schnee, hinunter ins Tal. Sie bahnten den Kindern, die später kamen, den Weg. Und wenn es sehr schneite, steckten sie von Mal zu Mal Stauden.

»Ihr müßt aufpassen und immer unsere Spuren verfolgen, Kinder!« sagten sie stets am Abend vorher zu den Kleinen, und die hielten sich dran.

Einmal aber schneite es derart, daß die Kinder weder die Spuren ihrer Väter, noch die aufgesteckten Stauden sehen konnten und viel zu spät in die Schule kamen. Ganz eingeschüchtert schlüpften sie zur Tür hinein, aber sogleich packte der Lehrer eines nach dem anderen und prügelte es.

»Wir haben den Weg nicht gefunden, Herr Lehrer! Es war alles verschneit!« wimmerten die Kinder allesamt aber es half ihnen nichts.

»Baberlababb! Baberlababb, das gibt es nicht!« schrie der ergrimmte Lehrer und schlug auf sie ein.

Am Abend, als sie heimkamen, sagten die Kinder den Eltern: »Steckt größere Stauden auf, wir haben heute den Weg nicht gefunden und sind zu spät gekommen. Unser Lehrer hat uns geschlagen.«

Und die Männer steckten viel längere Stauden auf. Aber es schneite und schneite und als die Kinder am Morgen wieder gen Tal wanderten, sahen sie nichts als Schnee und Schnee und versanken schier drinnen. Die Hälfte des Weges hatten sie schon zurückgelegt, da schlug in der Ferne, drunten in der Pfarrkirche die Uhr bereits neun Uhr. Da verloren alle den Mut, sanken erschöpft auf den weichen Schnee und weinten bitterlich.

»Ach, wenn uns doch wer helfen würde! Ach, wenn doch wer käme!« jammerten sie verzweifelt und starrten hilfesuchend herum, zuerst über die weiten Schneeflächen, dann in den endlos grauen, flockenwimmelnden Himmel. Sie schwitzten vor Anstrengung und waren durchnäßt bis zu den Lenden herauf. Angst und Frost ließ sie schlottern. Sie wußten sich keinen Rat mehr, und ein Knabe, namens Hans, sagte schon ganz hoffnungslos: »Nein, lieber erfrieren wir, als daß wir uns wieder so prügeln lassen. Der Lehrer glaubt uns ja doch nichts!« Und wieder nickten alle ermattet und jammerten: »Ach, was tun wir blos! Ach, wenn uns doch wer helfen würde!«

Da auf einmal ragte aus ihrer Mitte – niemand wußte, wie das geschehen war – ein großer, ganz weißer Geist auf und rief: »Liebe Kinder, kommt mit mir!« Und so freundlich klang es, daß ihm die Kinder ohne Bangen folgten. Der weiße Geist schritt breitspurig voran und warf mit seinen mächtigen Füßen den Schnee weg, bahnte eine Gasse bis hinunter ins Tal, und die Kinder gingen hinterdrein. Und drunten vor dem Taldorf – auf einmal – verschwand der Geist. Staunend standen die Kinder einige Minuten da und suchten mit den Blicken herum. Dann rannten sie in die Schule.

Kaum öffneten sie die Schulzimmertür, da stürzte auch schon der Lehrer mit dem geschwungenen Stock auf sie zu.

»Herr Lehrer! Herr Lehrer, uns ist was Wunderbares passiert! Ein Schneegeist hat uns heruntergeführt, sonst wären wir alle erfroren und verloren!« riefen die Bergkinder immerzu, und trotzdem er sie prügelte, erzählten sie ihrem Lehrer das wunderbare Erlebnis.

»Ja! Ja! Ein Schneegeist!« schrie der Hans und stellte sich mannhaft vor den Lehrer: »Ja, Herr Lehrer, wir lügen nicht! Ein guter Schneegeist hat uns gerettet. Er ist auf einmal aus dem Boden herausgekommen und hat uns den Weg gebahnt und so sind wir heruntergekommen. Sonst wären wir alle erfroren!«

Nach dieser standhaften Erzählung hielt der Lehrer doch ein wenig inne, besann sich einen Augenblick, als denke er nach. Dann aber kam ihm plötzlich der Ärger wieder und unwirsch schüttelte er den Kopf.

»Baberlababb! Baberlababb, das gibt es nicht!« fuhr er mit einem Mal den Knaben wieder an und stieß ihn in die Bank. Doch plötzlich, als er sich umdrehte, stand der mächtige Schneegeist hinter ihm und rief donnernd: »Jawohl, es ist wahr! Kommt morgen nur selber an den Bergrand, und Ihr werdet es sehen!«

Und husch! Ehe der Lehrer richtig aufsehen konnte, war der Geist wieder verschwunden. Alle Kinder waren aufgestanden und schauten erschreckt auf die Stelle, wo die seltsame Erscheinung gestanden hatte. Nur die Bergkinder saßen in ihren Bänken. Sie empfanden keine Furcht.

Drohend sah sie der Lehrer an. Er war wütend über sie. »Baberlababb! Baberlababb, das gibt es nicht!« rief er, »aber wartet nur, ich werde mir die Sache morgen genauer ansehen, dann wehe Euch!«

Und am anderen Tag stieg er tatsächlich schon in aller Frühe bergaufwärts durch den hohen Schnee und kam bis zum Bergrand. Es hatte, als er vom Taldorf weggegangen war, gar nicht so arg geschneit. Jetzt aber, auf einmal, fielen ganz dicke Flocken in solcher Menge, daß er nichts mehr sehen konnte ringsherum. Er hörte nur in nächster Nähe die Stimmen der Bergkinder und nach einer Weile waren sie auch bei ihm, grüßten ihn schüchtern und wollten weiter. Aber jetzt war der Schnee bereits so tief, daß selbst der Lehrer nicht mehr herausschauen konnte und trotz alles Arbeitens mit den Füßen und Händen nicht mehr weiterkam. Er wurde ein wenig mutlos. Auch die Kinder wußten nicht, was sie tun sollten. Und da – husch – stand auf einmal der Schneegeist wieder da und sagte zu den Kindern freundlich wie gestern: »Kommt, geht voraus! Euer Weg ist schon gebahnt.« Und sich zum Lehrer wendend sagte er: »Und Ihr, Herr Lehrer, immer hübsch hinter mir!« Und dann gings talwärts. Die Kinder schritten lustig voran. Der Geist hatte wirklich einen bequemen Weg gebahnt. Niemand sah ihn. Nur die Kinder.

Der Lehrer wollte hinter dem Geist her, aber der warf immer – Schritt für Schritt, als ob er seit Ewigkeiten nichts anderes gelernt hätte – den Schnee mit den Füßen auf, so hoch, so fest und undurchschreitbar, daß der Lehrer nicht mehr weiter konnte und auf einmal laut zu klagen anfing.

»Um Gotteswillen, helft! Helft mir, liebe Kinder, helft!« schrie der Lehrer jetzt flehentlich und fuhr mit den Armen zappelnd aus dem tiefen Schnee, schrie und schrie: »Ich kann nicht mehr weiter, helft! Helft!«

Und da drehte sich der mächtige Schneegeist auf einmal um und rief donnernd zurück: »Baberlababb! Baberlababb, das gibt es nicht!«

Und nichts mehr hörte der Lehrer von den Kindern. Nichts mehr sah er vom Geist. Nur Schnee und Schnee und wieder Schnee umgab ihn.

Seit dieser Zeit blieb er verschwunden. Auch als im Frühjahr der Schnee geschmolzen war, fand man nichts von ihm.

Die Kinder kommen seitdem immer ohne besondere Mühe ins Taldorf hinunter, und in der Schule ist nun ein guter, freundlicher Lehrer, bei dem sie viel lernen.

Wenn's sehr schneit im Winter, brauchen die Bergkinder nur »Baberlababb« rufen, dann steigt vor ihnen der verschwundene Lehrer aus dem Schnee, stumm und weiß und muß ihnen den Weg bahnen bis ins Tal hinunter. Und dann verschlingt ihn wieder der Boden. So geht's nun schon viele, viele Jahre ....

Die Worte

Einmal – das Jahr und die Zeit kann ich nicht mehr sagen – in einer lauen Spätsommernacht trafen sich tief in einem verborgenen Walde alle ausgesprochenen, alle gedruckten und alle geschriebenen Worte der Menschen. Entgeistert sahen sie einander an, denn sie kannten sich kaum mehr. Verunstaltet und von den Menschen unkenntlich gemacht war jedes. Die Liebe glich dem Haß, die Macht der Schwachheit, der Friede dem Unsinn – kurz und gut, jedes war anders als es hieß. Wie Verbrecher, wie Ausgestoßene, wie schwere Sünder standen sie da und hatten alle schmerzliche Gesichter. Man sah es auch jedem von ihnen an, daß es heimatlos war.

Gar erbarmungswürdig sahen die Worte aus, die einstens ein Menschenmund leichtfertig hinausgejagt hatte und die in keinem Ohr ein Unterkommen fanden. Vergrämt und vertrocknet kauerten die gedruckten Worte auf dem weichen Moosboden, und ihrer Schar entströmte ein erstickender Modergeruch. Selbst das jüngste von ihnen, das erst gestern auf ein Zeitungsblatt gepreßt worden war, hatte nichts Lebendiges mehr an sich. Und endlich die geschriebenen Worte, die waren vollends nur noch Hauche.

Lange, lange schwiegen die Worte. Still umgab sie der Wald, und der Mond übergoß ihre klägliche Schar. Nichts hörte man, als das Seufzen der Legion. »Was sind wir doch für mißachtete Geschöpfe!« weinte endlich ein uraltes Wort auf. Und alle nickten und alle weinten. Die Stunden verrannen. Es verging eine lange Zeit. Keines fand einen Rat. Der Mond und die Sterne verloren langsam ihren Glanz, mattfarben hing schon der unendliche Himmel über den hohen Bäumen.

»Was wollen wir denn tun gegen unsere Schmach?« schrie wieder ein gesprochenes Wort: »Der Tag wird wieder kommen, und die Tiere werden uns zertreten. Kehren wir lieber wieder zurück zu den Menschen, hier droht uns ganz und gar der Tod!«

Da aber erscholl ein millionenfaches Hohngelächter seiner Leidensgenossen, so jäh, daß der Wald sich zu regen begann, daß die Blätter an den Ästen der Bäume sich rührten, daß die aufgewachten Vögel schüchtern ihr Morgengetriller anstimmten, und Reh und Hase, Fasan und Eichkätzchen ihre schlafmatten Glieder streckten. Viele Worte erschraken darob und rotteten sich zusammen; es sah aus, als wollten sie sich wirklich hinwegheben und zurückkehren in ihre Sklaverei. Andere widerstrebten, es entstand ein unentschlossenes Hin und Her; keines wußte recht, was es wollte und viele riefen: »Was sollen wir hier eigentlich?«

Jetzt aber erhoben sich die Worte »Liebe« und »Friede«. Unzählbare Geschwister hatten sie aus allen Gattungen, und ihre Schar rief mit einem Male: »Bleibt! Es gibt eine Rettung für uns alle!«

»Rettung? Wie denn? Was sollen wir denn tun?« fragten alle erstaunt und zitternd.

»Nicht wieder zurückkehren zu unseren Peinigern, zu den Menschen!« war die Antwort.

»Was denn dann?« fragten alle Worte entsetzt.

»Sterben! Lieber sterben, als weiter so mißachtet zu sein!« schrieen die Scharen der »Liebe«.

»Nein, nicht sterben – nicht sterben – blos nicht sterben!« wimmerte fast die ganze Schar, »gibt es denn gar keinen anderen Ausweg?«

Und ein großes Ratschlagen ging an, doch es schien keinen Weg zu geben, der aus der Verwirrung führte.

»Seht doch,« rief da plötzlich ein ganz kleines Wort, »die Nebelschwaden steigen schon aus dem Boden; setzen wir uns doch einfach auf ihren Rücken und lassen uns zum Himmel tragen.« – Und obgleich die alten und gesetzten Worte heftig widersprachen, weil es ihre Würde kränkte, einem so kleinen Naseweis folgen zu sollen – niemand hörte auf sie. Alle sprangen auf die Rücken der Nebelschwaden – und aufwärts ging's in den Himmel. Sankt Peter war nicht sehr erbaut von einer solchen Schar neuer Ankömmlinge und fragte ziemlich unwirsch: »Was wollt Ihr hier! Woher kommt Ihr?«

Und schon winkte er den Engeln, daß sie die ungebetenen Eindringlinge aus dem Himmel jagen sollten. Diese aber hatten Mitleid mit den armen, abgehetzten Worten und sagten: »Ach, laß sie doch da!« Und sie gaben ihnen einen Unterschlupf. Und merkwürdig – als die Worte nun einander betrachteten, da kannten sie sich wieder als die, welche sie vor vielen tausend Jahren gewesen waren, ehe Mißbrauch mit ihnen getrieben wurde. Und jedes sah so aus, wie es hieß. – –

Furchtbares geschah von da ab auf der Erde. Die Menschen erwachten in derselbigen Frühe, wollten reden und konnten nicht mehr. Ohnmächtig sahen sie einander in die Augen. Sie rannten aus den Häusern, auf die Straßen und Plätze und wollten aufschreien, aber jeder von ihnen ward stumm. Sie warfen die Arme verzweifelt, sie stürzten durcheinander, sie gaben sich Zeichen, aber sie verstanden sich nicht. Einer nahm ein Papier und wollte etwas schreiben aber in seinem Innern fand sich kein Wort. Vor Grauen fiel er tot um. – In den mächtigen Hallen der Zeitungsdruckereien herrschte der ärgste Tumult. Die Redakteure konnten nicht mehr schreiben, die Setzer wußten die Bedeutung der Lettern nicht mehr und wurden so verwirrt, daß sie auf einmal alles durcheinander warfen, mit Picken und Hämmern die Rotationsmaschinen demolierten und wie wahnsinnig ins Freie rannten.

Anfangs wußten die Menschen vor Entsetzen nicht mehr, was sie tun sollten und begannen, in wilder Panik aufeinander loszugehen. Sie töteten einander ohne Grund und vernichteten alles, was ihnen einstens lieb und wert gewesen war. Gewalttaten und Zerstörungen erfüllten die Tage und Nächte. – Aber als sie schließlich sahen, auch so kommt das Wort nicht mehr, als ihre Stummheit nicht aufhörte und sie müde und erschöpft wurden, da ging jeder der Überlebenden wieder an seine Arbeit und langsam kam eine große Ruhe, ein nie gekannter Friede zur Welt. Keinen Streit gab es mehr, kein Gezänk; Glück und Eintracht herrschten.

Wohlgefällig sahen die Worte auf die Menschen herab und es faßte sie eine große Sehnsucht, wieder zurückzukehren. Eines Nachts entwichen sie aus dem Himmel, hockten sich auf die Regenwolken und fielen mit dem Regen zur Erde nieder. Allsobald hoben die Menschen die Worte wieder auf und freuten sich sehr. Einer aber sagte: »Brüder, laßt uns alle Worte in ein großes Haus einsperren, damit sie uns nicht wieder entkommen.« – Und das taten sie. – Kaum jedoch waren die Menschen des Wortes wieder mächtig, da fing das alte Elend von vorne an. Alle finsteren Gewalten waren wieder aufgewacht. Haß und Zwietracht, Lüge und Betrug beherrschten die Erde wie ehedem. Wieder waren die armen Worte zu niedrigster Sklaverei verdammt, und ein Entkommen war unmöglich.

»O Gott im Himmel!« klagte die »Liebe« einmal: »Wie sind wir geschlagen!« Der graue »Hohn« aber spottete finster: »Ihr hattet ja solche Angst vor dem Sterben! Hätten wir uns lieber damals von den Tieren des Waldes zertreten lassen und wären nicht mehr!«

Und: »Ja! Ja! Ja!« stöhnten sie alle, doch jäh verstummten sie – denn schon wieder kam ein Mensch, der sie brauchte, – und sie mußten gehorchen.

Das Märchen vom König

Vor garnicht langer Zeit lebte ein schrecklicher König in einem großen Land und herrschte unumschränkt über viele Untertanen. Er stand in den besten Jahren und war gesund, eitel und dick. Wie seine Väter, hatte auch er schon viele Kriege geführt und immer größer war seine Macht geworden. Ungeheure Heerscharen hatte er gegen friedliche Nachbarvölker geschickt, Verwüstungen hatte er anrichten lassen und unzählbare Menschen waren darüber zugrunde gegangen. Er aber schaltete und waltete zuletzt wie ein Gott. Alle Menschen zitterten vor ihm, und jeder Wunsch wurde ihm erfüllt. Die tausend und abertausend Menschen arbeiteten für ihn und er brauchte eigentlich nichts anderes zu tun als das, was ihm seine Laune eingab. Weil er sich gar bald langweilte, ließ er sich von seinen kriecherischen Kammerdienern Geschichten über seine Minister und Marschälle erzählen und wenn es ihm gefiel, wenn er aus irgendeiner solchen Erzählung Argwohn gegen diese seine nächsten Untergebenen schöpfte, befahl er den Betroffenen zu sich, machte ihn vor allen anderen lächerlich, verhöhnte ihn und schimpfte ihn so lange, bis derselbe bat, ihn vom Amte zu entlassen. Kaum aber hatte der betreffende Minister oder Marschall diesen Wunsch ausgesprochen, so geriet der König in maßlose Wut, nahm seine Peitsche und verprügelte den Mann nach Herzenslust. Dann ließ er ihn in den Kerker werfen.

Und alle gehorchten dem König. Alle verachteten den Gezüchtigten. –

Nachdem das aber Jahre so ging, nachdem immer mehr Menschen dem König mißfielen, nachdem er seine übermütigen Launen immer unheilvoller an seinen nächsten Vertrauten ausgelassen hatte, breitete sich überall eine solche Furcht aus, daß niemand mehr dem König dienen wollte. Jedermann wich ihm aus. Alle verkrochen sich, wanderten aus dem Lande und lebten dort unter anderem Namen. So weit kam es, daß der König schließlich unter die Ärmsten gehen mußte, um sich Minister zu suchen.

Und da geschah es einmal, daß er eines Tages einen alten, kranken

Mann traf und ihm befahl, sein Kanzler zu werden. Der Greis aber weigerte sich hartnäckig und schüttelte trotz aller Drohungen des Königs immerzu den Kopf. So in Zorn geriet der König zuletzt, daß er den Mann, der eben den zahnlosen Mund zu einer Antwort öffnen wollte, in die Kehle schoß. Mit einem schrecklichen Schrei sank der Getroffene tot vornüber.

Die schauerliche Kunde verbreitete sich mit Windeseile in der Hauptstadt und alle Menschen flüchteten vor dem Tyrannen. Als der König abermals aus seiner Residenz trat, um von neuem nach einem Kanzler zu suchen, fand er alle Straßen und Häuser leer. Seine Flüche verhallten in der trostlosen Finsternis. Niemand antwortete mehr. Nach seiner Rückkehr in seine Gemächer waren selbst seine Kammerdiener nicht mehr da. Einzig und allein seine Frau saß zitternd und bleich auf einem der goldenen, gepolsterten Sessel und weinte. Allein war der König. Wie ein Stück Fremdheit saß seine Frau neben ihm ..

Zornig bestieg er ein Pferd und ritt in das weite, dunkle Land hinein, um sich hier nach neuen Vertrauten umzusehen. Aber die Flüchtlinge aus der Hauptstadt hatten schon längst überall Nachricht hingebracht und ein Schrecken ging auch auf dem flachen Lande um. Wo der König hinkam, beugte man sich hündisch, sagte: »Ja! Jawohl, Majestät!« und kaum war der König einige Wurfweiten weiter, flohen alle. Überall bückte man sich vor dem Schrecklichen in den Staub, jeder lächelte, jeder spielte den Freudigen oder den Ernsten, jenachdem der König es wünschte. Überall sagte man: »Ja! Jawohl, Majestät!« und jedes Mal, wenn der Tyrann die Stadt, das Dorf verlassen hatte, atmete man auf. Alle fielen sich in die Arme und riefen erlöst: »Gott sei Dank, wir haben ihn los! Aber nun fort! Nur fort!«

Und der König kam wieder in eine Stadt und rief den Bürgermeister und die Stadtältesten schroff an: »Das ganze Volk, sehe ich, ist mir untreu! Es soll gestraft werden! Es muß bluten für seine Falschheit! Ich will Krieg! Alles hat in den Krieg zu ziehen! Verkündet es! Ich will es! Bis ich wiederkomme, muß die ganze Stadt ein Heerlager sein!«

Donnernd rief er es im weiten Saale des Rathauses. Die Wände erzitterten. Keiner der Ältesten wagte den geduckten Dickkopf zu heben. Alle hatten Angst um ihr Leben und murmelten unterwürfig: »Ja, Majestät! Jawohl Majestät!«

Und der König ritt weiter. –

Am Abend desselben Tages sah man in der ganzen Stadt Anschläge, die den Willen des Königs verkündeten. Jeder Mensch las den Befehl und zitterte. Die Reichen stiegen entsetzt in ihre Automobile, fuhren zu den Ärzten und boten große Summen, damit ihnen bescheinigt würde, daß sie nicht zum Kriegsdienst taugten. Ganz Schlaue legten sich zu Bett und stellten sich krank. Andere wieder begaben sich in die Spitäler und ließen sich operieren, nur damit sie nicht in den Krieg ziehen müßten. Viele von ihnen ergriffen mit Hab und Gut die Flucht. Wer wirklich blieb, versteckte sein Geld, seine Wertsachen und vergrub seinen Schmuck.

Zuletzt standen nur noch die Armen bleich in den dunklen Straßen, vor den fettgedruckten Anschlagsblättern, und machten betrübte Gesichter.

»Warum sollen wir kämpfen?« fragten sie dumpf herum, denn sie sahen keinen Grund zu einem Krieg. Niemand hatte ihnen etwas getan. Sie hatten nur immer gearbeitet, damit andere die Dinge, die sie verfertigten, verbrauchen konnten. – Die Armen also murrten und fragten immerzu: »Warum muß denn jetzt Krieg sein? Es hat uns doch niemand was getan?«

Einige Schutzleute, die in der Nähe standen, schrien auf einmal drohend: »Der König befiehlt Krieg, basta! Ihr habt nicht zu fragen! Geht heim und richtet Euch her! Marsch!«

Die Armen hoben die Köpfe und schauten die beiden an. Sie waren dick, rot und aufgeblasen.

»Wenn wir in den Krieg müssen, haben unsere Kinder und Weiber nichts mehr zu essen,« sagten die Armen jetzt. – Da zogen die beiden Dickbäuche ihre blinkenden Säbel und schrien noch lauter: »Macht daß Ihr heimkommt! Es ist ganz einfach Krieg und damit basta!«

Und da von den Armen niemand eine Waffe hatte, da jeder müde war, trotteten alle weiter, nach Hause. Ihre Frauen empfingen sie weinend. Viele verwünschten den König. Aber die Arbeiter waren müde. Die Augen fielen ihnen schier zu. Niemand wollte kämpfen. Nur schlafen wollten alle.

Und da war einer unter ihnen Namens Michel, der ging von Haus zu Haus und sagte überall: »Gut also! Morgen arbeitet keiner von uns. Wir schleichen uns alle heimlich davon in die nahen Wälder und gehen nicht in die Kasernen und warten, was kommt.« – Und alle gaben ihm recht und befolgten seinen Rat.

Als am anderen Tag die Sonne über der Stadt stand, sah man nichts als jammernde Reiche in den Straßen herumlaufen und Polizisten, die nach Arbeitern suchten. Es gab kein Brot, die Bahn fuhr nicht, die Automobile standen leer herum, das Wasser lief nicht, die Läden waren zu. Für sein Geld bekam man nichts. Alles war geschlossen und totenstill. –

Da bekamen die Reichen eine Todesangst, rannten aus den Krankenbetten und Spitälern, bestürmten die Polizei und den Magistrat und jammerten und verlangten, daß gearbeitet werde, daß Brot gebacken werde, daß die Automobile und Bahnen führen, daß es Wasser und Wein und Speise und Bier gäbe. Aber der Bürgermeister und die Ältesten der Stadt hatten sich verkrochen. Die Polizei suchte vergebens, zog in geschlossenen Kolonnen gegen die Arbeiterviertel und schoß in die Häuser. Aber niemand schien drinnen zu sein. Alles blieb still ...

Da ergriff die Reichen ein Schrecken, die Polizei hielt inne und alles fragte ratlos: »Warum? Was ist denn das alles?«

Und keiner wußte eine Antwort. Man kam schließlich auf den merkwürdigen Gedanken, die Gefängnisse aufzumachen und wollte die dort Eingekerkerten zur Arbeit zwingen. Doch die Eingekerkerten rührten keinen Arm. Auch die ärgsten Drohungen halfen nichts. Sie drehten sich um, trotteten weiter, aus der Stadt. Sie liefen, was sie konnten, als man ihnen nachschoß.

Entsetzt blieben die Reichen stehen. Mit offenem Mund. Dumm glotzten die Polizisten und schließlich rannte alles Hals über Kopf aus der düsteren Stadt ...

Es vergingen zwei, drei Tage und endlich noch ein vierter Tag. Der König kam endlich nach langem Ritt wieder zurück und fand alles verlassen. Nur ein alter verkrüppelter Mann humpelte durch eine einsame Gasse auf ihn zu und sah so grauenhaft aus, daß der König erschreckt innehielt und nach seinem Säbel griff.

»Wer bist Du?« schrie der Tyrann den unheimlichen Greis an. Und dieser blieb steif und klappernd stehen und glotzte ihn glasig an.

»Einer, der Dich nicht fürchtet!« antwortete der Alte klanglos.

»Was!?« brüllte der König wutentbrannt und zog seinen Säbel, wollte auf den Alten einhauen. Da aber wuchs dessen Gestalt gleich einer Spiralfeder, die jäh emporschnellt, bis zum Himmel und beugte dann seinen Kopf, der an einem unheimlich langen Hals herabhing, zum König hinunter und lächelte höhnisch: »Schlage nochmal!«

Wie gelähmt von Schreck ließ der König seinen erhobenen Arm

sinken, denn jetzt, da das riesige verzerrte Gesicht ganz nahe war, erkannte er jenen Mann den er in den Mund geschossen hatte damals. – »Wer bist Du?« schrie er ohnmächtig, »um Gotteswillen, wer bist Du?!«

»Ich bin das Grauen, die Not und all das Unrecht, das Du verbreitet hast!« schrie der mächtige, in der Luft hängende, schwankende Kopf dem König ins Gesicht. Und jäh, weit durch die Luft spreiteten sich nun zwei riesenhafte knöcherne Arme und wurden immer enger, immer enger und umklammerten zuletzt den König, der furchtbar um Gnade flehte. Und der große Schädel bewegte auf einmal seinen Riesenmund, riß ihn auf und als der König in den finsteren Rachen hineinschaute, war es ihm, als sähe er drinnen all die sinnlos hingeschlachteten, die ermordeten Untertanen, die zu Tode Geschundenen, die Verhungerten, die Elenden und die Beleidigten, die alle seine Herrschaft ertragen hatten.

»Siehst Du diese!? – Siehst Du alle? … Vor jedem Einzelnen dieser Tausende und Abertausende darfst Du Gnade erbitten, mächtiger, eitler König! Unzählbare sind es und bis Du fertig bist mit der Zählung, so lange mußt Du hungern und ebenso leiden, als alle diese ..!« rief die Stimme aus dem Rachen und das riesige Gespenst verschwand mit dem König und landete tief unter der Erde, in der schrecklichsten Hölle. Dort traf der Tyrann alle, die seinesgleichen einstens auf der Erde so geschaltet und gewaltet hatten und alle jammerten und sahen unablässig in eine heißglühende Landschaft und zählten immerzu ihre ermordeten, zu Tode geschundenen Untertanen.

Friede herrscht seitdem im Lande. – –

Die Wette im Himmel

I.

Kartenspielend saßen einst Gottvater, Gottsohn und der Heilige Geist im warmgeheizten Himmelsstübchen. Obwohl er andauernd gewann, seufzte diesmal der Heilige Geist hin und wider recht trübselig und fuhr sich dann langsam durch's graue Haupthaar.

»Ah! Ah! Ach!« machte er immer wieder. Es schien ihm wirklich etwas bitter nachzugehen. Den Tag über hatte er als weiße Taube viele, viele Male die Erde umflogen und die Menschen besucht, im Gebirge war er gewesen, in den Dörfern und Hütten, in den Städten und Palästen, in der Wüste und in den Schneefeldern. Dann endlich, als ihn nachts der Schneesturm überfallen hatte, war er heimgeflogen. Er streifte sich seine Taubenform ab, schlüpfte in seinen bauschigen Schlafrock, zog die Pantoffeln an und zündete sich sein Tonpfeiflein an.

»Ah! Ach, ein Kreuz ist's!« seufzte er eben wieder, als er abermals den Gewinn einheimste.

»Was ist's denn?« fragte ihn Gottvater endlich und sah ihm in die Augen, »hast Du was Schlechtes erlebt heut?«

»Ja,« sagte drauf der Heilige Geist, »die Menschen! Diese Menschen mit ihren tausend Wünschen! .... Man könnte verrückt werden dabei!«

»Mit ihren Wünschen? ... Was Du nicht sagst?« warf Gottvater ein, »ist's denn so arg damit? ... Da kann doch geholfen werden.«

»Geholfen? ... Nein, ich sage Dir, so wahr ich heiliger Geist bin, das bringst Du nie und nimmer fertig,!« erwiderte der Heilige Geist und legte einen Augenblick seine Karten auf die glatte Tischplatte.

»Was? ... Nie und nimmermehr?!« rief da Gottvater belustigt, »jede Wette geh ich ein mit Dir, daß ich innerhalb von knapp zwei Stunden alles in Ordnung hab'! Wetten wir?«

»Ich wette alles!« gab der Heilige Geist als Antwort zurück.

Gottvater besann sich und lächelte nachdenklich. Offenbar hatte er einen drolligen Streich vor.

»Nun,« sagte er endlich, »also gilt's! ... Verspielst Du die Wette, so hast Du mir innerhalb einer Stunde einen durch und durch guten Menschen herzubringen und während der Zeit, da Du suchst, mußt Du einmal mit dem leibhaftigen Teufel eine Prise Tabak schnupfen.«

»Gut,« sagte der Heilige Geist und lachte verschmitzt in sich hinein, »und wenn Du verspielst, gilt für Dich das gleiche?«

Und »Jawohl!« antwortete Gottvater darauf, »fangen wir allsogleich an.« Und damit erhob er sich und machte eine kleine Daumenbewegung. Husch flogen die Wände des kleinen Stübchens auseinander und verschwanden. Und wieder husch standen die drei Gottheiten im großen unermeßlichen Empfangssaal des Himmels, umgeben von Petrus und den Aposteln, von den unzählbaren Engeln und sonstigen Seligen. Mächtig reckte Gottvater seine Gestalt und rief befehlend in die Schar seiner Diener: »Ich will, daß alle Wünsche der Menschen allsogleich zu mir kommen, auf daß ich sie erfülle!«

Im Nu geriet das ganze Heer der Engel in hurtigste Bewegung. Brr – tat's und – sss – die großen Wolkentore öffneten sich und die ganze Schar flog hinab auf die Erde, schneller noch als Wind und Blitz.

Auf Befehl Gottvaters zogen sich Petrus und die Apostel und die sonstigen Seligen zurück und schon im nächsten Augenblick drückten sich durch alle Himmelstore die Wünsche der Menschen herein. Es war ein tolles Durcheinander. Buchstäblich lachen mußten die drei Gottheiten über die Verschiedenartigkeit der menschlichen Wünsche. Wie ein wilder Heuschreckenschwarm flogen sie auf Gottvater zu und bedeckten seine riesige Gestalt vollends. Nichts war mehr zu sehen vom Allmächtigen. Und von allen Ecken und Enden zirpte, winselte, brüllte und schrie es in einem fort: »Erfülle mich! Erfülle uns! Erfüll' mich!«

Gottvater konnte sich schier nicht mehr helfen und mußte schreien, was er nur konnte. Aber es half ihm nichts. Mit Mühe und Not nur bekam er den Kopf aus dem Schwarm und sah nun umher. Aber welcher Schrecken erfaßte ihn, als er jetzt den ganzen, unermeßlichen Himmel gepfropft voll von Wünschen sah! Und nicht nur das! Die Wolkentore waren erfüllt von Hereindrängenden und dahinter, so meldete ein Engel, seien noch eine Unzahl von Wünschen, die bis auf die Erde hinabreichten. »Und das sind nun erst die Wünsche der Allerärmsten. Die der Armen sind zweimal soviel noch, die der Wohlhäbigen fünfmal soviel und die der Reichen gar tausendmal soviel!« berichtete der Engel weiter.

Da befiel selbst den allmächtigen Gottvater große Ratlosigkeit. Einen Augenblick besann er sich. Dann faßte er Mut und rief mächtig in das Stimmengewirr der Wünsche: »Wohlan seid erfüllet!« Und allsogleich entfernten sich die Wünsche, die es gehört hatten und wollten aus dem Himmel heimwärts zur Erde. Ein Gedränge entstand, ein Gewoge und Drücken, ein Raufen und Niederrennen. Die erfüllten Wünsche wollten zum Himmel hinaus, die unerfüllten herein. Um Ordnung zu schaffen, rief Gottvater abermals: »Wohlan, seid erfüllet!« Und es wurde wirklich für einige Augenblicke etwas freier im Himmel. Dann kamen wieder neue Wünsche. Legionen waren es.

»Wohlan, seid erfüllt!« rief Gottvater wieder. Und allsogleich leerte sich der Himmel und füllte sich wieder.

»Wohlan, geht! Ihr seid erfüllet!« rief der Herr der Heerscharen. Und wieder verschwanden die Legionen der Wünsche. Triumphierend sah Gottvater zum Heiligen Geist hinüber, als wollt' er sagen: »Siehst Du, es geht!« Aber er kam nicht dazu. Schon hatte sich der ganze unermeßliche Himmel wieder erfüllt. Noch dichter schwirrten die Wünsche um ihn herum. Er mußte mit Händen und Füßen arbeiten, um sich Luft zu schaffen. »Wohlan, seid erfüllet!« schrie er dröhnend in die Legion und allsogleich wieder hoben sich die erfüllten Wünsche hinweg. Gottvater wollte ein wenig Atem schöpfen. Indessen es ging nicht. Schon war der Himmel wieder voll und durch die riesigen Tore drängten sich immer neue und immer neue Wünsche. »Seid erfüllet!« befahl Gottvater und während die Wünsche sich entfernten, fragte er einen Engel: »Ist's denn noch nicht bald zu Ende?«

»Nein, es geht eben erst an,« war die Antwort. Und schon wieder, noch mehr als sie es je gewesen waren, schwirrten die Wünsche um den Allmächtigen. Der Heilige Geist lachte bereits.

»Gemach, Du wirst sehen!« rief Gottvater ihm zu und wieder hob er seine Stimme: »Geht! Ihr seid erfüllt!« die gesegneten Wünsche flogen durch die Tore zur Erde, aber neue Schwärme besetzten allsogleich wieder alle Ecken und Nischen des Himmels und schlugen einen Lärm, daß man das eigene Wort nicht mehr verstand. »Ist's denn noch nicht aus mit den Wünschen?« fragte Gottvater den Erzengel Michael und er antwortete wieder: »Nein, Herr, es geht eben erst an!«

Da wandte sich Gottvater selbst an die Wünsche, die jetzt erschienen, und fragte sie: »Wie groß ist Eure Schar?«

»Unermeßlich!« riefen die Wünsche der Reichen, »Unermeßlich? Nun, das wollen wir doch sehen!« rief Gottvater: »Seid erfüllet! Marsch, die nächsten!« Es war bereits eine Stunde verronnen. Neue, immer neue Legionen von Wünschen kamen durch die Himmelstore. »Seid erfüllt! Seid erfüllt!« rief der Schöpfer jetzt immer eiliger und hoffte noch rechtzeitig fertig zu werden. Aber je öfter er rief, desto mehr Wünsche kamen. Ein Durcheinander herrschte im Himmel, daß man sich nicht mehr zurechtfand. Ein und aus flogen die Wunschschwärme, und immer dichter noch waren sie.

»Ist's denn noch nicht bald zu Ende?« fragte Gottvater den Erzengel Michael abermals, und wieder bekam er die Antwort: »Es geht eben erst an, Herr!«

»Es geht eben erst an?! Es geht erst an? ... Ja, wieviel sind denn da Wünsche? .. Soviel gibt's ja garnicht einmal Menschen auf Erden?« empörte sich endlich der sonst so langmütige Gottvater.

»Aber Wünsche!« spöttelte der Heilige Geist, »Wünsche, mein Lieber, gibt es soviel, daß man Erd' und Himmel und Fegfeuer und Hölle, alle Sterne, den Mond und die Sonne – ja, das ganze All damit spicken könnte!«

»Wohlan, seid erfüllt!« rief Gottvater festen Mutes in einen neuen Schwarm. Der verschwand. Ein neuer kam. »Seid erfüllt! Hinweg! Der nächste!« rief der Mund Gottes. Es geschah. Neue kamen. Auch sie leerten nach einer Sekunde gesegnet den Himmel. Neue kamen. »Seid erfüllt!« beeilte sich der Herr der Heerscharen. Hinaus zum Himmel flogen die Billionen der Wünsche. Legionen kamen zurück. »Seid erfüllt! Seid erfüllt! Seid erfüllt! Seid erfüllt! Seid erfüllet!« keuchte Gottvater atemlos und fragte den Erzengel Michael: »Ist's denn noch nicht zu Ende?«

»Nun haben wir erst ein Billionenstel. Es geht eben erst an!« antwortete dienstbeflissen der Engel.

Die zweite Stunde senkt sich bereits ihrem Ende zu. »Seid erfüllt! Erfüllet seid! Fort! Erfüllet seid!« rief Gottvater schneller und schneller. Aber es wurde keine freie Luft um ihn. Nur immer noch dichtere Legionen von Wünschen flatterten zum Himmel herein.

Da brach der Allmächtige erschöpft zusammen. Er konnte nicht mehr. Ganz schwach hauchte er noch einmal: »Seid erfüllt!« Aber schon bedeckten ihn die zirpenden Schwärme ganz und gar, daß er nichts mehr sah und hörte.

Mit letzter Kraft schrie er und fragte den Sankt Michael. Und der antwortete wie immer: »Es geht eben erst an, Herr!«

»Es geht eben erst an?« schrie da der Allgewaltige und richtete sich zornig auf, »jetzt hat's ein Ende! Hebet Euch hinweg, ihr unzufriedenen, aufdringlichen Bettler, fort mit Euch! Fort da!«

Und rauschend und klagend und schreiend und wehklagend verließen die Wünsche den Himmel. Die Tore schlossen sich. Es war still. Ganz zerdrückt setzte sich Gottvater auf seinen gepolsterten Thronsessel.

»Ja ... Ja, Du hast recht! Es ist zum Verrücktwerden mit den Menschen und ihren Wünschen!« sagte er matt zum Heiligen Geist, »ich habe die Wette verloren! ... Laß mich nur ein wenig ausrasten, mir surrt der Kopf, als gingen Trommeln drinnen ... Laß mich verschnaufen und dann ...« – er seufzte – »dann will ich meine Reise antreten und die Wette erfüllen.«

»Gut,« gab der witzige Heilige Geist zurück, »hoffentlich geht es Dir da besser ... Ich wünsch' es Dir von Herzen.« Schelmisch lachte er in sich hinein.

»Ja, hoffentlich,« erwiderte Gottvater nur noch und stützte seinen Kopf schwer in seine Hände.

»Komm!« sagte der Heilige Geist zu Jesu Christo, »wir zwei gehen derweil ins warme Himmelsstübchen. – – Bis Gottvater wiederkommt, spielen wir weiter Karten.« – Und während jetzt Gottvater aufstand und einen Regenmantel anzog und sich auf den Weg zur Erde aufmachte, ließ der Heilige Geist die Wände des Himmelsstübchens wieder erstehen, Gottsohn folgte ihm. Beide steckten sich ihre Pfeifen an, setzten sich behaglich an den Tisch und spielten Sechsundsechzig.

II.

Recht Seltsames erlebt Gottvater, als er auf die Erde kam. Auf einem Marktplatz standen viele bunte Buden und Zelte und eine Menge Menschen gingen herum. Ein dichter Knäuel umstand ein buntes, grelles Zelt vor dem ein bemalter Narr stand, der in einem fort schrie:

»Ich bin brav! Du bist brav!
Was willst Du mehr,
Ich bin ein Schaf und Du ein Schaf!
Was willst Du mehr,
Dumme Dame, dummer Herr?«

Und alle lachten hellauf und klatschten belustigt.

»Hereinspaziert, meine Damen und Herren! Hereinspaziert! Hier wird gezeigt, wie dumm ein guter Mensch ist!« rief der Narr und alle strömten ins Zelt.

»Ha,« sagte sich Gottvater, »das trifft sich gut, hier finde ich also gleich einen guten Menschen drinnen« und trat ebenfalls ins Zelt.

Auf einer kleinen Bretterbühne stand ein ärmlich gekleideter Mensch und machte ein betrübtes Gesicht. Der Narr kam aus einem Verschlag und sagte zu ihm: »Dreh Dich um, dort ist ein Vogel!« und während sich der ärmliche Mensch umdrehte, stahl ihm der Narr sein Geld aus der hinteren Hosentasche und sagte schnell wieder: »So, jetzt schau mich an, hast Du was gesehen?«

»Nein!« antwortete der Arme.

»So! Nun, Du hast Deine Dummheit gut bezahlt, kannst schon abtreten,« sagte daraufhin der Narr und verschwand. Der Armeleutemann durchsuchte bestürzt seine Taschen nach seinem Geld und fing auf einmal zu weinen an. »Um Gotteswillen, mein Geld! Mein Geld!« schrie er, als er nichts mehr vorfand und die Zuschauer lachten, daß sie sich wälzten.

Da weinte der Armeleutemann immer noch ärger und lief von der Bühne. Gottvater ging ihm nach und sagte: »Du bist ein guter Mensch, komm, ich brauche Dich, komm!« – Aber der Armeleutemann drehte sich hämisch lachend um und rief: »Was? O Du Dummkopf! Merkst Du denn nicht, daß alles nur Spiel und Schein war! Ich werde doch bezahlt dafür, Narr!«

Da ging Gottvater schnell aus dem Zelt. Er machte sich rasch unsichtbar und tauchte auf einem düsteren Platz in der Vorstadt auf. Dort standen vor einem Kartoffelladen arme Frauen und jammerten.

»Ach«, rief eine, »keine Kartoffel kriegt man! Die Bauern geben nichts her! Ach, wer weiß, ob wir überhaupt was kriegen!«

Gottvater erinnerte sich, daß er dieses Jahr eine so reichliche Kartoffelernte gespendet hatte und suchte im Flug einen Bauern auf.

»Guter Mann,« sagte er zu demselben, »Ihr habt doch Kartoffeln genug. Die Leute in der Stadt leiden arge Not. Gebt ihnen doch von Eurem großen Vorrat. Ich will's Euch lohnen und der Himmel lohnt's Euch gewiß auch.«

»Was!« rief da der Bauer, »nein, mein Lieber, meine Kartoffeln bleiben liegen. Sie steigen im Preise mit jedem Tag. Sie müssen mich reich machen – und auf Euren Lohn verzicht' ich und auf den des Himmels erst recht!«

»Sei doch ein guter Mensch, Mann!!« ermahnte ihn der Allmächtige, »gib doch den Armen!«

»Gut sein? ... Sowas bringt nichts ein, lieber Mann! geh und such Dir einen Dummen! Die Armen sollen warten!« erwiderte drauf der Bauer grob und der Herrgott verließ ihn ohne ein weiteres Wort.

Schwer war's, einen guten Menschen zu finden, sehr schwer. Gottvater verwandelte sich in einen krüppelhaften Bettler und humpelte auf zwei Krücken dahin, versetzte sich in eine vornehme Straße der Stadt, wo lauter reiche Leute wohnten. »Die haben im Überfluß, die sind gewiß gut zu einem Bettler,« sagte er sich und wollte in ein Haus. Aber die Tür war verschlossen und ein mürrischer Pförtner kam sogleich heraus, als Gott läutete, und rief: »Könnt Ihr nicht lesen? Hier! Hier steht's doch dick und groß!« und damit deutete er auf eine Tafel, die folgende Inschrift hatte:

»Hausbettel verboten!«

Auf den Häusern der ganzen langen Straße fand der Allmächtige diese Tafeln und überall wies ihn der Pförtner ab. Er ließ sich auch nicht überreden, wenn Gottvater ihn bat, ihn doch einzulassen zu den reichen Leuten.

»Was glaubt Ihr denn! Wenn ich das tue, muß ich den Dienst verlassen und verarme! Das geht nicht! Nein, geht, geht!«, erwiderte jeder Pförtner. Der Allmächtige versetzte sich wieder aufs flache Land und bettelte bei den Bauern. Die gaben ihm wenig und dies noch recht ungut. Sie waren schlecht zu sprechen auf Bettler. –

Es war schon Nacht, als Gottvater auf einem Schlosse ankam und die Glocke zog. Die Türe öffnete sich nicht, aber von drinnen heraus rief eine mürrische Stimme: »Wer ist's denn?«

»Ein krüppelhafter Bettler, Herr! Ich kann nicht mehr weiter! Gebt mir zu essen und eine Lagerstätte für die Nacht!« antwortete der Herrgott wimmernd.

»Kommt morgen!« erscholl es als Antwort und man hörte Schritte schlürfen. Still wurde es. Der Schloßherr war wieder zu Bett gegangen. –

Da verwandelte sich Gottvater in einen Mönch und stellte sich auf einen Platz in einer taghellen Stadt und predigte den Menschen.

»Liebet einander! Seid gut zu einander und gebt den Armen. Euer Raffen und Euer Reichtum sind vom Übel!« rief er mit mächtiger Stimme. Die Menschen lachten und auf einmal kam ein dicker Schutzmann und nahm Gottvater mit auf die Wache. Dort angekommen, beteuerte der Gefangene in einem fort: »Aber liebe Schutzmänner, ich wollte doch nur Gutes tun! Das was ich gesagt habe, ist doch Pflicht jedes Menschen!«

»Ach was! Ihr wolltet das Volk aufwiegeln und es zur Verschwendung aufrufen!« rief ein Wachtmeister streng und befahl, den Gefangenen in das Gefängnis zu werfen. In der Zelle aber verwandelte sich Gottvater in einen Lufthauch und floh. Er suchte die Armen in der Herberge der Obdachlosen auf und legte sich zwischen sie.

»Laßt mir ein wenig Platz, liebe Brüder! Ich bin so müde!« wimmerte er. Aber die müden und hungrigen Armen brummten schlaftrunken: »Laß uns in Ruh! Wir haben nichts gegessen den ganzen Tag und nun weckst Du uns vom Schlaf auf, du Rohling. Da spüren wir wieder den Hunger! Da kommt wieder die Qual! Geh!«

Da hob sich Gottvater hinweg und flog gen Himmel.

»Ach! Ach!« klagte er dem Heiligen Geiste, »es gibt keinen guten Menschen! Die Reichen wollen nichts Gutes tun und die Armen sind so zermürbt, daß sie nichts Gutes tun können. Das Elend hat sie böse gemacht! Erlaß mir die Wette! Erlasse sie mir!«

Der Heilige Geist legte die Karten auf den Tisch und lächelte ein wenig, und indem er Gottvater ansah, sagte er spöttisch: »Siehst Du! Du hast mir eine Grube graben wollen – nun bist Du selbst hineingefallen! … Nun, ich will nicht so sein, das Suchen nach einem guten Menschen sei Dir geschenkt aber mit dem Teufel mußt Du schnupfen – das mußt Du noch tun!«

Wehmütig sah Gotvater auf seinen Sohn, wehmütiger noch sah er im warmgeheizten Himmelsstübchen herum. Es war ihm angst und bang vor dem neuen Gang. Man sah es ihm an.

»Ach weißt Du,« sagte da endlich Gottsohn zum Heiligen Geist, »es ist recht langweilig, zu zweit so Kartenspielen! … Lasse ihm die Wette … Es war ein kleiner Ulk, laß es! Bleiben wir beieinander!«

Und weil er's mit seiner ganzen Liebe sagte, gab der Heilige Geist auch nach.

»Nun,« sagte er, »verschieben wir die Sache auf ein andermal, wenn wir wieder einmal übermütig sind! Lassen wir es! Komm, setz Dich her, Gottvater, gib die Karten .... So ist's unterhaltlicher!«

Und erleichtert setzte sich Gottvater hin, zündete sich sein Pfeiflein an und teilte die Karten aus. –

Seitdem hänselt ihn der Heilige Geist manchmal, wenn's gerade paßt. »Na, was ist's?« sagte er, »willst Du heute nicht mit dem Teufel schnupfen? Hm, wie meinst Du?« Und dann verzieht Gottvater sein Gesicht und schüttelt den Kopf.

»Ich hab genug von meiner Reise auf die Welt,« antwortete er nur drauf, und alle Drei, er und sein Sohn und der Heilige Geist lachen herzlich und munter ....

Bis heute hat Gottvater mit dem Teufel noch nicht geschnupft. – –

Nämlich Hinkefuß

Um jene Zeit, da die mächtigen Seefahrervölker Europas das ferne Amerika vollends entdeckt hatten und anfingen, dieses reiche, riesige Land auszubeuten und seine Bewohner zu unterjochen, schmachtete in einem düsteren Londoner Gefängnis ein Mann namens: Nämlich Hinkefuß. Er war der Sohn einer Waldhexe, die einstens dem König das Leben gerettet hatte und nun längst tot war. Und er hieß so, weil er mit dem linken Fuß hinkte und jede Rede mit »Nämlich« begann.

Lange Zeit war er des Königs Narr gewesen, ergab sich aber allmählich dem Trunke und als sein Herr einmal von ihm unterhalten sein wollte, traf er Hinkefuß toll und voll berauscht und wurde sehr erzürnt über ihn.

»Was, Du trinkst wenn es mir nicht genehm ist?« rief der Herrscher Englands finster, »weißt Du nicht, daß niedere Leute nicht trinken dürfen, daß es eine Schande ist für einen Untertanen! ... Das sollst Du büßen!« und damit ließ er den Betrunkenen kurzerhand einkerkern. – –

Im Gefängnis traf Hinkefuß viele, welche sich draußen aus Not und Verzweiflung dem Trunke ergeben hatten. Zum großen Teil waren es allerärmste Tagelöhner und Bettler. Jeder antwortete auf die Frage warum er hier sei: »Mein Gott, der Branntwein! Kummer und Sorgen und der Branntwein und mein Durst!«

Nämlich Hinkefuß wurde verwundert. Beim König und bei den Fürsten gab es doch allzumal Branntwein in Hülle und Fülle und trank man ihn, so wurde man fidel und lustig, erinnerte sich der Narr. Wie kam es denn, daß diese armen Gefangenen so unglücklich darüber geworden waren? Warum war das denn so, daß die Herrscher und Reichen trinken durften, soviel sie wollten, während man es den Armen verbot? –

Er fragte hin und her bei seinen Leidensbrüdern, aber keiner konnte ihm eine rechte, einleuchtende Antwort geben.

»Ja, weißt Du,« meinte ein alter zerfallener Sträfling, »das ist so, die reichen Herren und Damen, die haben Zeit zum Ausschlafen, wenn sie sich betrunken haben aber unsereins kann nicht mehr arbeiten, wenns einen Rausch hat. Und das duldet man nicht, siehst Du, so ists.«

»Nämlich warum aber geben denn dann die Wirte an uns arme Teufel Branntwein ab, wenn sie wissen, nämlich, daß sie uns ins Unglück stürzen?« wollte Hinkefuß wissen. »Nämlich, warum verbietet denn der König solche Wirtschaften nicht?« – Da fing ein anderer Sträfling mit zahnlosem Mund und einem verwilderten Bart laut zu lachen an und rief: »Oh Du Grünschnabel, merkst Du es denn nicht, daß die Wirte dem König eine Unmenge Geld verdienen?«

»Nämlich wieso?« fragte Hinkefuß verwundert.

»Wieso? .. Nun, die Wirte müssen vom Verdienst eines jeden Stückfasses Branntwein so und so viel Geld an den König abgeben – und da es nicht lauter reiche Leute gibt, die sich einen Keller voll Branntwein anschaffen können, sondern recht, recht viele Arme, die nur hin und wieder einige Gläser oder, wenn es hoch kommt, einen Liter Branntwein trinken können – deshalb gibts eben Wirte!« belehrte ihn der häßliche Sträfling.

Noch viele versuchten Hinkefuß zu belehren. Er aber begriff nicht recht. Ihm kam Reue, bitterste Reue an. Und ein großes Mitleid erfaßte ihn, wenn er all seine Leidensbrüder ringsherum ansah.

»Nämlich nein!« rief er vor sich hin, als er sich auf den kalten Steinboden legte, »nämlich nein! Nämlich ich will nie wieder trinken! Nämlich der Branntwein bringt Unglück. Nämlich mein Herr und König tat recht daran, mich zu strafen. Nämlich ich werde all mein Leben darauf verwenden, um der Branntweintrinkerei ein Ende zu machen!«

Und so wollte er es halten für und für. Das schwor er sich. – –

Zur selben Zeit verkündete ein Kurier des Königs in allen Gassen und Straßen und auf den Plätzen der Stadt, daß ein großes Kriegsheer gerüstet werden sollte zur Unterwerfung der Rothäute im fernen Amerika und jeder Mann könnte mit. – Auch in die Gefängnisse kam der Kurier und meldete das gleiche.

»Eure Strafe ist Euch erlassen, wenn Ihr mitkämpfen wollt gegen die verbrecherischen Rothäute!« rief er. Und alle, alle meldeten sich zu Kriegsdiensten. Sogar den krüppelhaften Nämlich Hinkefuß verschmähte man nicht.

In kurzen drei Tagen konnte eine große Flotte mit zahlreichem Kriegsgerät und vielen, vielen Kriegern ins Meer stechen. Jeder Mensch, der über den Ozean fuhr, war voller Tatendurst.

Als aber das Heer in Amerika landete, sah es mit Schrecken, daß die Indianer weit mehr an Zahl waren. Und nicht nur das. Schon die erste Schlacht zeigte den Engländern, daß die Rothäute kühner, flinker und entsetzlich grausam waren. Das Heer des Königs wurde geschlagen und mußte sich bis an die Küste zurückziehen. Viele waren tot, viele in die Hände der Indianer gefallen und starben am Marterpfahl unter gräßlichen Qualen.

Es wollte keiner mehr von den Kriegern gegen den furchtbaren, überlegenen Feind kämpfen. Und da kam der Feldherr auf eine List. Er gab seinen Soldaten Branntwein. Geradesoviel bekam jeder, daß er sich Mut antrinken konnte.

Nämlich Hinkefuß – als er dies sah – dachte aber an seinen Schwur und trat vor den Feldherrn mit zorniger Miene.

»Nämlich,« rief er mit bebender Stimme, »nämlich der König hat niederen Leuten das Branntweintrinken verboten. Nämlich warum gebt Ihr uns dieses Giftwasser? Nämlich wißt Ihr nicht, wenn er es erfährt, daß wir alle in den Kerker kommen?«

Der Feldherr war schon ein wenig betrunken und lachte dem Narren ins Gesicht. Aber als dieser seine strenge Miene nicht im mindesten veränderte, sagte er nur: »Sei beruhigt, diesmal nicht!« Und damit befahl er Hinkefuß, zu gehen. –

Der Narr ward verwirrt ob dieser Auskunft und ging recht nachdenklich ins Lager zurück. Und da traf es sich, daß er an der ersten Zeltreihe dem häßlichen Sträfling begegnete, den er im Gefängnis kennen gelernt hatte. Und der war fidel und hob schon von weitem die Flasche und rief: »Ei, Hinkefuß komm her! Hier – trink, trink!«

Unser Narr aber fuhr ihn zornig an: »Nämlich weißt Du nicht, daß wir alle wieder ins Gefängnis kommen, nämlich wenn wir Branntwein trinken, Du!« Und stehen blieb er bebend und bleich.

»Hm, Narr!« rief ihn der häßliche Sträfling an, »diesmal nicht, denn diesmal ists dem König genehm«.

Im selben Augenblick stürzte ein Soldat durch die Zeltreihen, der den Indianern entkommen war und rief immerzu mit keuchender Stimme: »Ich habe die Rettung! Ich habe die Rettung!«

Und als man ihn fragte, rief er triumphierend: »Der Branntwein! Der Branntwein hat mich gerettet! Gebet den Rothäuten zu trinken, viel zu trinken bis sie berauscht sind, dann werden wir sie besiegen.«

Und: »Branntwein! Branntwein unsre Rettung!« hörte Hinkefuß

immerzu, während er sich in ein Boot schwang und jenem Schleppschoner zuruderte, in welchem die Stückfässer lagerten.

Weithin hallte das Geschrei der Soldaten und man hörte die Freude daraus. Stockdunkel war die Nacht, aber Nämlich Hinkefuß hatte von seiner Mutter Katzenaugen mitbekommen und sah den Schoner sehr wohl. Mit aller Kraft ruderte er und gelangte glücklich an sein Ziel. Hastig schwang er sich aufs Deck, zog seine Pike aus dem Gurt und schlug ein Faß nach dem andern ein, daß der Branntwein zischend herauspeitschte und über Deck in das Meer floß.

Ohne daß ihn wer bemerkte, kam der Narr ins Zeltlager zurück. Als dann die Soldaten zum Schoner fuhren, fanden sie nicht einen Tropfen Branntwein mehr in den zerstörten Fässern. Jammernd und schimpfend stiegen sie an Land und verlangten vom Feldherrn die Rückkehr nach England.

Als der zweite Morgen anbrach, stachen die Schiffe ins Meer und ohne Fährnisse kamen sie im Londoner Hafen an. Der König mit seiner ganzen Gefolgschaft stand am Ufer und empfing den Feldherrn mit düsterer Miene.

»Warum habt Ihr nicht gesiegt?« rief er barsch und musterte die Schar der Krieger, die ihren Führer umstand. Alle senkten die Köpfe und schwiegen. Da auf einmal stürzte Hinkefuß aus den Reihen und fiel vor seinem König ins Knie. »Nämlich,« rief er untertänigst, »nämlich, hochgnädiger Herr und König, ich habe Eure Weisung befolgt! Ich hielt mich an das: Niedere Leute dürfen keinen Branntwein trinken, und da hab' ich die Branntweinfässer zerstört!«

Einen Augenblick stießen alle einen Schrei aus und Hinkefuß glaubte, es sei lauterste Freude. Er zitterte vor Glückseligkeit, seinem Herrn so getreulich gedient zu haben. Da aber, auf einmal, hörte er den König rufen: »Hängt ihn!« –

Soldaten packten den Schreienden und zur selben Stunde noch ward er gehängt, direkt auf dem Hafen.

Das ist schon lange her jetzt und längst hat man den armen Narren vergessen. Seit jener Zeit aber pflegt man unter niederen Leuten zu sagen, wenn ein König ein neues Gesetz herausgibt: »Nämlich – Hinkefuß! Das ist nur für niedere Leute – und wie es dem König genehm ist ... Nämlich so oder so, ob Du's hältst oder übergehst, es ist allzumal eine Falle ....«

Der goldene Knopf

Ein goldener Knopf, der fristete schon jahrelang sein Dasein auf einem fürstlichen Rock und dort gefiel es ihm garnicht. Er war unglücklich und betrübt darüber, daß sein Leben so eintönig und sinnlos hinstrich, während andere seiner Blutsgenossen, wie zum Beispiel der Leuchter dort in der Nische, und die vielen Goldstücke, die manchmal in den Händen der Leute lagen, doch immerhin einen Zweck hatten. Es ließ den armen Knopf nicht ruhen, daß er nun jeden Tag, seit ihn eine zittrige Schneiderhand an den Fürstenrock geheftet hatte, jeden und jeden Tag einen spannenden Bauch unter sich fühlte, daß er in einem fort das beängstigende Geröll und Rumoren der gefüllten Därme anhören mußte und so oft bei Tage der blendenden Sonne ausgesetzt war und nachts immer in die vielen Lichter blinken mußte, die rund herum brannten.

Der Knopf kam auch aus einer ganz anderen Gegend und Schicht als die, die ihn jetzt ständig umgab. Einst hatte man ihn geprägt. Menschen sah er damals, die hatten eingefallene Gesichter, gefurchte, besorgte Stirnen und alle sahen elend aus. Als er dann fertig geprägt war, lag er lange Zeit in einer dunklen, muffigen Schachtel, die sehr nach Leim roch und dann holte ihn eben jene Schneiderhand heraus und nähte ihn an den fürstlichen Rock. Er konnte sich noch gut erinnern, der arme Knopf. Den ganzen Tag, die ganzen Nächte träumte er von den Leuten, die um seinetwillen geschwitzt hatten und einstens zitterten. Sogar an die Gespräche, die diese Menschen damals führten, konnte er sich noch erinnern.

»Sowas wird gemacht, damit's nutzlos an einem Fürstenrock prangt, und unser eins hat nichts, um zu essen!« sagten damals die Präger oft, wenn sie ihn in der Hand hatten, den Knopf.

»Wir rackern ganze Wochen, bis wir ein schäbiges Goldstück haben,« sagte der Schneider, »und so ein Ding – es gäbe zwei Stück mindestens – so ein Ding näht man zu nichts und wieder nichts an einen Fürstenrock!«

Immer, wenn er daran dachte, wurde der arme Knopf traurig. Er weinte und war am Morgen ganz trüb.

Er beschloß endlich, von der fürstlichen Livree loszukommen und es gelang ihm auch, den Faden, der ihn hielt, zu überreden, daß er ihn loslasse. Der Faden lockerte sich immer mehr, immer mehr und einmal, niemand merkte es, kullerte der Knopf auf den glatten Parkettboden und rollte in aller Eile hinter einen großen Schrank. Dort blieb er im Dunkel liegen.

»Lieg' ich nur mal da, bin ich einmal vom Rock weg, dann geht es sicher auch weiter,« sagte er sich, der Knopf. Und so war es auch. Eine Aufwartefrau fand ihn, hob ihn auf und betrachtete ihn lange. Der Knopf bekam eine große Angst, als die Frau sich so lang besann. Sie schien zu überlegen: Gebe ich ihn zurück oder nehme ich ihn mit.

Da ging eine Tür auf und die Frau steckte schnell den Kopf in ihre Schürzentasche. Er frohlockte. Dieser Zufall hatte ihn völlig glücklich gemacht.

Er hörte noch eine Zeit lang Stimmen. Dann war es ihm, als ginge die Frau über Stiegen hinab, dann über harte Pflastersteine und endlich roch er schon eine ganz andere Luft. Jetzt griff die Hand in die Schürzentasche und holte ihn heraus. Der Knopf sah eine ärmliche Stube und drei verwunderte Gesichter über sich gebeugt.

»Schaut nur, da hab' ich heute einen schwergoldenen Knopf gefunden beim Bodenputzen!« sagte die Frau zu ihrem Manne, der ein rußiges Gesicht hatte.

»Hm,« machte der, »der ist was wert.« Und er nahm den Knopf in seine schwielige Hand und wog ihn nachdenklich.

Und das Kind sagte: »Laß mich sehen! – – Bitte, laßt mich sehen.«

Wieder sah der Knopf, wie man ihn zu dreien betrachtete und dann legte man ihn in eine dumpfe Schachtel, die nach Moder roch. Es wurde still und Nacht. Der arme Knopf wurde wieder traurig. Er nahm seine ganze Kraft zusammen und hüpfte aus der Schachtel, er zwängte sich durch die Schubladenritze und rollte unter das Bett, in dem Mann und Weib schnarchten.

Niemand fragte am andern Tag nach ihm. Auf einmal – es war schon viele Zeit vergangen – hörte er Tritte neben sich und Kinderstimmen. Er bemerkte, daß sich zwei Knaben an den Bettrand hockten und zu erzählen begannen.

»Weißt Du, ich möchte recht viel Geld haben und dann ein großes

Haus bauen, wo wir alle wohnen können ... Du, ich, mein Vater und meine Mutter und Deine Mutter und Dein Vater,« sagte der eine Knabe und bekam leuchtende Augen.

»Ja,« sagte der andere Knabe, »und dann müßte es den ganzen Tag zu essen geben und zu trinken und nicht immer Kohl und Brot.«

»Fleisch und Kartoffeln und Kuchen,« meinte der andere Knabe.

»Ja,« antwortete sein Kamerad, »und man müßte auch einmal lustig sein ... recht lustig und Zither spielen und Ziehharmonika.«

Und der Knopf dachte an die Zeit, da er noch auf dem Fürstenrock war, an die vollgelegten Tische und an die schmatzenden Leute, an den Wein dort, an die Damen und Herren, die immer die Hälfte liegen ließen und murrten, wenn etwas nicht gut war. Wie er so dachte, sah er sich auch ein wenig im Zimmer um. Das war ärmlich und kaum hell und roch nach Heringsresten und Kohl. Und die Knaben sahen sehr mager aus. Alles war hier elend.

Der goldene Knopf wurde traurig und hielt es nicht mehr aus. Er räkelte sich mit einem Male so laut, daß ihn ein Knabe sah.

»Uje ... da schau, ein goldener Knopf!« rief der Knabe und nahm ihn in die Hand. »Ja, jaja ... mit mir kannst Du viel kaufen,« murmelte auf einmal der Knopf und die beiden Buben horchten hin und her und konnten sich nicht erklären, wer das gesprochen hatte. Sie schwiegen und betrachteten immerzu den Knopf.

»Das ist der goldene Knopf, den gestern meine Mutter aus dem Schloß nach Hause gebracht hat,« sagte jetzt der kleinere von den Buben und wollte schon aufspringen und ihn wieder in die Schachtel legen. Aber der Knopf hüpfte auf einmal aus seiner Hand und verschwand eiligst in einer dunklen Nische hinter dem Küchenkasten. »Lieber sterben, als wieder in so einer dumpfen Schachtel zwecklos liegen,« sagte sich der Knopf und war wirklich wütend auf die dummen Buben.

»Warum benützt man mich nicht, daß ich wenigstens wo Freude bereite?« fragte er sich verdrossen, »ich bin doch etwas, womit man viel bekommt ... Essen, Trinken und allerhand!« Und als er dies vor sich hinmurmelte in seiner Dunkelheit, da kam eine Maus und betrachtete ihn mit listigem Gekicher.

»Du dummer Goldknopf,« spottete die Maus, »Du dummer, weißt Du denn nicht, daß die Leute nichts mit Dir anfangen können, solange Du so aussiehst, daß man Dich kennt? .. Hör mich doch! ...

Wenn die Leute Dich so verkaufen würden, dann käme die Polizei und würde sie einsperren! ... Komm doch mit mir ... Ich bringe Dich schon wohin, wo man Dich herrichtet, daß Du auch wem nützest und den armen Leuten Freude machst! ... Komm!«

Und der traurige goldene Knopf rollte mit der Maus über den dunklen, holperigen Stubenboden, dann durch viele lange Gänge und fiel auf einmal auf einen Tisch, über dem eine Lampe brannte.

»Hui – hui!« sagte ein Mensch, der an dem Tisch saß und packte den Knopf, steckte ihn in die Tasche und ging aus der Kammer.

Es dauerte nicht lange, da war der Knopf wieder in einer Hand. Man legte ihn auf eine Waage. Er sah, wie der Mensch von einem anderen Menschen Papierscheine bekam und ganz rot wurde vor Freude.

Und dann ging der Mensch.

Kurz darauf wurde er von allen Seiten mit Flammen gebrannt, der goldene Knopf, und dann preßte man ihn in eine Form so fest, daß er garnicht mehr schnaufen konnte. Er schrie aus Leibeskräften, aber es schien ihn niemand zu hören. Es wurde wieder eiskalt um ihn herum und als er sich nun wieder ansah, war er ein Goldstück.

Und eine Hand hielt ihn und gab ihn weiter. Und überall, wo man ihn sah, bemerkte er freudige Gesichter. Man kaufte mit ihm ein. Er hatte seine Bestimmung. Er nützte wem. Er war ganz glücklich, der goldene Knopf.

Und aus Dankbarkeit, daß ihn einst eine arme Frau gefunden hatte und ihn nicht wieder zurückgab, rollte er stets aus den Taschen der Reichen und immer fanden ihn Arme und hatten eine große Freude mit ihm, kauften Essen und Trinken mit ihm und waren guter Dinge.

Heute noch treibt er sich so in der Welt herum, der goldene Knopf....

Der alte Jeromir erzählt ....

Im alten Zarenreiche lebte einst ein weiser Greis, der hieß Jeromir. Er entstammte jener Schicht von Menschen, die ihr Leben dazu verwenden, um möglichst lange über alles nachzudenken und dann danach zu leben. Überall kannte und liebte man ihn, wo Menschen waren, die friedlich arbeiteten Tag für Tag. Er besaß nichts als das, was er auf dem Leibe trug und verlangte sich auch nicht mehr, denn seit er überhaupt denken konnte, wanderte er, und da kann man nichts brauchen, womit man sich nur schleppen muß. Ein Stück trockenes Brot und einen Schluck Wasser, eine Suppe oder, wenn es knapp herging, eine Wurzel oder eine Frucht, damit war er zufrieden. Und das gab es schließlich immer. –

Das ganze, gewaltige Russenreich hatte der alte Jeromir schon viele, viele Male durchwandert, Kinder sah er, als sie geboren wurden, sah sie wachsen und kannte sie als Männer oder Weiber. Wo er auftauchte, freuten sich die Leute und riefen schon von weitem: »Sieh, da kommt der alte Jeromir!« Sie gingen ihm entgegen, setzten sich zu ihm an den staubigen Straßenrand und fragten ihn dies und das. Und da ereignete es sich denn meistens, daß Jeromir die Geschichte erzählte, wie das Gesetz auf die Erde kam.

Und die lautet also:

»Als die Menschen noch frei lebten auf der Welt und mit den Tieren eins waren, da gab es keinen Unfrieden. Jeder verbrachte seinen Tag mit nützlicher Arbeit und keiner legte dem anderen etwas in den Weg. Es gab keinen Armen und keinen Reichen, nur Männer, Weiber und Kinder.

Irgendwann aber einmal brach ein großer Sturm nieder über eine weite Landstrecke und vernichtete alles, was darauf wuchs. Als nach langer Zeit sich der Himmel wieder glättete und die verängsteten Menschen aus ihren Erdlöchern krochen, sahen sie rundherum eine öde Sandwüste und sie beschlossen mit allem, was sie noch hatten, in ein anderes Land zu wandern, das nicht verwüstet war.

Es vergingen viele Wochen während sie wanderten und darbten und von den vielen Leuten starben zahllose. Ein jämmerliches, zerlumptes Häuflein Halbverhungerter kam endlich in dem fruchtbaren Land an und bat um Hilfe, Essen und Unterkunft.

»Gewiß,« sagten da die Leute des fruchtbaren Landes, »gewiß könnt Ihr bei uns bleiben und von unserer Nahrung essen, wenn Ihr für uns arbeitet und uns dient.« Und die Hungernden nickten, ohne recht zu verstehen und sagten : »Ja,« und »Ja«. – »Ja,« und »Ja,« das sagten auch die anderen schon, die vor Euch kamen und als wir dann Arbeit von ihnen verlangten, wollten sie nicht ... Ihr müßt schon mit uns gehen, dort in jenes große Haus mit den vielen Türen und Fenstern, seht Ihr? ... Hört Ihr? ... Dort sind alle Hungernden untergebracht,« erwiderten daraufhin die Leute des fruchtbaren Landes und führten die verwunderten, hungrigen Wanderer in ein riesengroßes, vielfenstriges, vieltüriges Haus, das so groß war wie ein ganzes Land fast. Es sah von außen schön aus und erreichte mit den Giebeln fast die Wolken, dieses Haus, – aber als die Hungernden durch das große Tor getreten waren, sahen sie mit Schrecken, es war dumpf und muffig und fast dunkel drinnen in den Räumen und überall wehklagten Menschen und schrieen Flüche gen Himmel.

»Wo führt Ihr uns denn hin? ... Was ist denn das für ein Haus?« fragten jetzt die Hungernden die Leute des fruchtbaren Landes und schauten groß und erschrocken auf diese.

»Dieses Haus heißt man Gesetz!« antwortete einer der Befragten, »es ist für die, die uns dienen müssen! .... Wir haben es gebaut, weil wir Angst hatten, wenn soviele aus den verwüsteten Ländern in unser fruchtbares Land kommen, müßten wir hungern und zuviel arbeiten.«

Und ein anderer Mann sagte höhnisch: »Ja, und Ihr könnt wählen: Hierbleiben oder wieder zurück in die Wüste! ... Die vielen Türen stehen alle offen und auch durch die Fenster könnt Ihr an diesem ersten Tag noch kriechen – heute wird Euch noch niemand aufhalten ... Von morgen ab, wenn Ihr einmal hier genächtigt habt, seid Ihr Gefangene des Gesetzes und müßt befolgen, was jeden Tag in diesen großen Räumen ausgerufen wird. – – Tut Ihr es nicht, öffnet sich unter Euch der Boden und Ihr versinkt alle zusammen und geht elendiglich zu Grunde in einer finsteren Tiefe ....«

Schaurig klang es. Zitternd und betrübt hörten es die Hungernden, aber was wollten sie tun? Sie sagten »Ja« und »Ja« und nickten und gaben sich gefangen. Und gierig fielen sie über das vorgesetzte Essen her, ermattet legten sie sich auf den Boden und schliefen ein.

Und jeden Morgen müssen sie nun tun, was ihnen befohlen wird, jeden Abend sinken sie erschöpft auf ihr Lager. Viele von ihnen versuchten schon durch eine Tür oder durch ein offenes Fenster zu entkommen und wollten in die Freiheit, aber kaum waren sie aus dem Haus, da überfielen sie die Leute des fruchtbaren Landes, prügelten sie und stießen sie unter schrecklichen Drohungen wieder zurück in die muffigen Räume.

Und ihre Mitbrüder, die die Drohungen hörten, bekamen Angst und wurden mit der Zeit gegen jeden solchen Flüchtling böse. Unfrieden und Gehässigkeit herrscht seitdem in ihren Reihen.

Die findigen Bewohner des fruchtbaren Landes aber verzehren den Überfluß, den die Gefangenen des Gesetzes für sie erarbeiten.

So kamen das Gesetz und der Unfriede auf die Erde. – – –

Viel ist wenig

In einer alten Stadt, die hauptsächlich von kleinen Handwerkern und Handelsleuten bewohnt war, lebte einst der Tuchhändler Kaspar Minus, welcher trotz seines aufrechten Wesens, seines Fleißes und seiner Ehrlichkeit nichts als Mißgeschick und Unglück durchmachen mußte. Zehn Jahre war er kaum alt geworden, da starb sein Vater. Mit seiner harten, eigensinnigen Mutter mußte er das ärmliche Geschäft übernehmen, während sich seine anderen fünf Geschwister um nichts anderes kümmerten als um ihr eigenes Wohlergehen. Die drei gefallsüchtigen Schwestern – von der Mutter verhätschelt und selbst bei Fehltritten immer von ihr in Schutz genommen – achteten nur auf ihre Schönheit, liefen gar bald den Vergnügungen nach und eroberten schnell die reichsten Freier. Nachdem sie sich verehelicht hatten, verleugneten sie ihre arme Herkunft. Kaspars zwei Brüder hielten's auch nicht mit der Not und gingen in die Welt hinaus. Der eine wurde in einem fernen Land ein angesehener, wohlhabender Kaufherr, der andere blieb ein Taugenichts und endete nach einer Reihe von Verbrechen auf dem Schafott. Nur Kaspar Minus blieb zu Hause in seiner Armut und hielt sich tapfer. Mit den Jahren wurde er ein zäher Mann, der sein Leben so nahm, wie es war und sich wohl heimlich sagte: So ists gefügt. Nichts focht ihn an. Selbst der Tod seiner Mutter beugte ihn nicht, denn sie hatte ihn nie geliebt. Und, wie das schon zugeht unter den Menschen, weil er es nie zu einer vollen Schüssel gebracht hatte, quälte sie ihn bis an ihr Ende mit Vorwürfen, bereitete ihm Bitternisse jeden Tag und verfluchte ihn sogar noch auf ihrem Sterbebett.

Kaspar beklagte sich nicht darüber, bei niemandem, selbst nicht bei seinem Gott. Er war nun allein und fast schien es ihm, als ginge jetzt alles leichter, denn niemand legte seinem Trachten mehr etwas in den Weg.

Zur selbigen Zeit war es üblich, daß die Handelsmänner vom Anfange des Frühlings bis zum ersten Schneefall mit ihren Waren zu Fuß das Land durchreisten, Dörfer und Bauernhöfe besuchten und dort verkauften, was ihnen feil war. Und dieses Wandern hatte viel Gutes. Es ließ die Not vergessen, es brachte einen mit den verschiedensten Menschen zusammen, Abenteuer erlebte so ein Reisender und viele Geschichten konnte er erzählen, wenn er wieder heimkam. Dieses wechselreiche Leben heiterte schließlich auch unseren wackeren Minus auf. Er wurde mutiger und weil er auch gute Geschäfte machte, suchte er nicht selten diese und jene Dorfwirtschaft auf, trank gern einmal einen Krug mehr in fröhlicher Gesellschaft and fühlte sich so wohl auf solchen Wanderschaften, daß sie seinetwegen ewig hätten dauern können. Nach seiner Heimkehr aber, im Winter, wenn er wieder allein in seinem ärmlichen Zu-Hause war, überkam ihn jedesmal Trübsal. Die ersten Monate war es ja nicht so schlimm, aber dann ging das verdiente Geld zu Ende und die Not nagte wieder an allen Ecken und Enden. Und was das ärgste war – er war allein und verlassen. Seine Nachbarn sahen auf ihn herunter und mochten ihn nicht. Sie mieden ihn, weil sie fürchteten, er komme zu ihnen um Hilfe. In der Stadt war er wenig bekannt und schon gar nicht geachtet, denn sein kleines, baufälliges Häuschen stand im Armenviertel, dort, wo der Wohlhäbige nicht hingeht und nichts kauft, und von welcher Gegend die Reichen sagen: »Von daher kommen nur die Lumpen und nichts Rechtschaffenes.«

Wenn Kaspar Minus sich auch nie etwas zu Schulden kommen ließ, mochte er auch wie jeder ehrsame Bürger seinen Pflichten nachkommen, den üblichen Stadtzins entrichten, wie es sich gehörte – man verachtete ihn doch. Und weil er Mensch unter Menschen war, behaftet mit allem Guten und Bösen, das ein Erdengeschöpf in sich trägt, weil er sich mit dem besten Willen nicht erklären konnte, weshalb man ihn nicht mochte, befiel ihn ein großer, finsterer Haß.

Oft und oft hockte er bis tief nach Mitternacht in seiner kleinen, drückenden Stube, sann und grübelte und betete dann inbrünstig zu Gott. Schmerzlich fragte er nach allem vergeblichen Flehen den himmlischen Herrscher in verzweifelter Einfalt, was er denn verbrochen habe, daß ihn die Menschen nicht achteten! »Das kann nicht recht sein!« schloß er jedes Mal mit seinem Gebet und starrte düster ins Gebälk der Stubendecke, so fest schier, als wollte er mit seinen Blicken die morschen Dielen durchbohren und hineinschauen in den Himmel, bis dahin, wo der unbewegliche Richter aller Richter auf seinem Throne saß.

»Ich habe niemandem Unrechtes getan! Ich ging der Sünde auf die Seite und wenn ich mich vergangen habe, so vergib mir! Ich tue, was

Du verlangst!« schrie er laut und wiederholte noch lauter: »Aber die Menschen tun mir Unrecht!«

Aber von oben kam keine Antwort und weil er so geschrieen hatte, klopfte draußen der mürrische Nachtwächter an die verschlossenen Fensterläden und brummte gebieterisch: »Zu Bett, Du Ruhestörer! Plappere nicht, sonst trifft Dich die Strafe! Zu Bett, Du Schreihals!«

Erschrocken fuhr der arme Minus zusammen, fiel erschöpft auf die hölzerne Bank nieder und als er jetzt den Blick der Wirklichkeit wieder fand, bemerkte er noch immer das aufgeschlagene Gebetbuch und las am Anfang der Seite, auf der er geendet hatte den seltsamen Satz: »Habe Geduld! Die Menschen sind nicht wichtig.«

Er biß die Zähne aufeinander, denn gewiß hundert Mal schon hatte er dies durchgelesen und samt seiner Geduld war nichts anders geworden. Er zerriß das Gebetbuch und warf es in den noch glühenden Kamin, daß es langsam verbrannte. Er stampfte auf den Boden und reckte seine Faust gen Himmel. Er verfluchte im stillen seinen Gott, der ihn nicht erhört hatte. Von da ab betete er nicht mehr. Bitter lebte er dahin und wartete auf den Frühling. In seinem Haß kam er auf allerhand Gedanken. Tagelang durchdachte er oft einen Plan, wie er sich an den Menschen rächen könnte, aber es fiel ihm nichts Gescheites ein. Er ließ auch dieses Planen und böse Sinnen und als er endlich am ersten laueren Märztag wieder seine Geschäftswanderung antrat, war er erlöst wie ein entlassener Sträfling. »Und wenn ich zu Grunde gehe, diesmal kehre ich nicht eher zurück, als bis ich ein reicher Mann bin, so reich, daß niemand mehr auf mich herabsehen und mich verachten kann!« schwor er sich verbissen.

Da er aber stets ein verdrossenes Gesicht machte und selbst am Wirtstisch, beim Krug, sein früheres heiteres Wesen nicht mehr zurückgewann, hatte er wenig Glück im Geschäftemachen. Die Leute liebten nur die fröhlichen Handelsmänner und kauften von denen. Kaspar Minus ging leer aus.

Bedrückt und verärgert kam er eines Abends in einer einsamen Moorwirtschaft an, in der kein Mensch sonst war, als der Wirt selber. Der Mann sah nicht sehr vertrauenerweckend aus, hatte unheimlich stechende Augen und etwas Böses im Gesicht, redete aber unseren Minus alsogleich an und fragte im herzlichsten Tone nach dem Grunde seines Traurigseins.

»Ich hab kein Glück,« gab der Handelsmann zur Antwort.

»Kein Glück? Worin? ... Wo kommt ihr her und was handelt Ihr?« erkundigte sich der neugierige Wirt hurtig und brachte einen schäumenden Krug Bier: »Trinkt, lieber Gast, und erholt Euch und dann erzählt, vielleicht kann ich Euch helfen.«

»Helfen ....?« stöhnte Minus zweifelnd und lächelte zaghaft: »Ihr mir helfen ...?! Das könnt ihr nie ...!«

»Nie ...?« fragte der dienstfertige Wirt und bekam auf einmal ein seltsam triumphierendes Gesicht und mit noch einschmeichelnderem Tone sagte er: »Ihr seid zu allein, guter Mann, Ihr solltet ein junges Weib haben ...«

»Um Gotteswillen, nur das nicht! Mein Verdienst langt nicht einmal für mich, wie soll ich da noch eine Frau ernähren!« fiel ihm aber Minus ins Wort und schüttelte abwehrend den Kopf: »Nein-nein, nur das nicht!«

Der Wirt sah ihn auffallend schlau an: »Ich weiß Euch aber ein schönes Weib, das reich, undenkbar reich ist und Euch sicher nimmt, wenn Ihr's geschickt anstellt.«

»Undenkbar reich?« wiederholte Minus erstaunt: »Und mich nimmt!?«

»Gerade Euch!« bekräftigte der Wirt alsogleich: »Nur Euch!«

»Nur mich?!« rief der Handelsmann noch verblüffter und fragte hastig: »Wo ist sie denn und wie heißt sie denn?« Er bekam gierige Augen und dachte an nichts, als an den undenkbaren Reichtum.

»Zahl heißt sie und ist ein schmuckes Ding!« gab der Wirt Auskunft: »Ihr trefft sie im ersten Haus des nächsten Dorfes.«

»Und was ist Besonderes zu tun, daß man sie gewinnt?« fragte Minus eilfertig.

Nichts weiter als – Ihr dürft Euch nicht wundern über ihren Namen, den sie immer und immer wechselt und fragt sie auch nicht, wenn sie sich auch ansonsten sehr viel verändert,« warnte ihn der Wirt und lächelte eigentümlich in sich hinein, als er jetzt den Handelsmann ansah. Der war von der Erzählung ganz und gar hingerissen und wollte sofort ins nächste Dorf. Da es aber schon tiefe Nacht draußen war, riet ihm der Wirt, bei ihm über Nacht zu bleiben und erst in der Frühe seinen Freiersgang anzutreten. Minus willigte denn auch nach einigem Zögern ein, aber kaum rann der erste milchweiße Dämmer zu den Fenstern herein, da erhob er sich und verließ, ohne vom noch schlafenden Wirt Abschied zu nehmen, die Wirtschaft. Er lief und geriet in Schweiß.

Sein Herz schlug heftig und bang waren seine Gedanken. Er überlegte auf dem ganzen Weg, wie er's denn nun anstellen sollte, dieses Freien. Am Ende weist sie mich ab und alles ist umsonst, dachte er in einem fort. Aber die Sache ging leichter, als er geglaubt hatte. Von weitem schon bemerkte er die Schöne vor dem Hause. Sie hatte ein lachendes Gesicht und rief schier jubelnd, als sie seiner ansichtig wurde: »Kommt, wackerer Wandersmann! Kommt, Ihr seid der Rechte. Einen solchen Mann will ich!« Und sogleich schloß sie Minus in die Arme. Dann führte sie ihn ins Haus, wo alles schon zur Hochzeit vorbereitet war.

Begeistert, ja fast berauscht, wollte Minus seine Zukünftige an die Brust ziehen und rief gerührt: »Gute Jungfer Zahl!« Aber wie seltsam, mit einem Male wurde die Maid sichtbarlich um zwei Finger größer und rief erstaunt: »Zahl ...? Mein Name ist Hundert, aber viel ist wenig!« Und damit hob sie die Arme und es troffen gleichsam hundert schwere Goldtaler aus ihren Gelenken, fielen zu Boden und bildeten ein Häuflein. Dem verwunderten Minus verging fast der Sinn und er wußte im Augenblick nicht, was er tun sollte.

»Nimm sie nur!« rief da die Jungfer frohlockend: »Nimm die Taler zu Dir. Hundert sind sie, aber viel ist wenig!«

Minus tat, was ihm geheißen und fragte nicht weiter, denn er erinnerte sich an die Warnung des Wirtes. Als er sich aufrichtete – welch ein Wunder! Da stand er, gekleidet in einen feinen schwarzen Rock, neben seiner Freite in einer schönen Kirche und eben legte der Pfarrer die Hände der Beiden ineinander.

»Geht nun und seid glücklich euer Leben lang,« schloß der Gottesmann und unter brausenden Orgelklang verließen die Vereinten die Kirche und stiegen in eine wartende, prächtige Karosse. Im jagenden Galopp sprengten die Pferde von dannen, weiter auf der staubwirbelnden Straße, aus dem Dorf, an der Moorwirtschaft vorüber. Davor stand der Wirt und lächelte eigentümlich schadenfroh.

»Was lächelt er so? .. Kennst Du ihn?« fragte Minus sein junges Weib, aber schon jagte das Gefährt in die Stadt. Die Leute auf den Straßen und Plätzen blieben stehen und gafften erstaunt. Unserem Tuchhändler schwoll die Brust vor Seligkeit. Zum ersten Mal in seinem ganzen Leben empfand er, daß die Menschen ihm Achtung entgegenbrachten. Beglückt schlang er seine Arme um seine schöne Frau und rief: »Geliebte Hundert!« – Und siehe da – die Schöne erhob sich kerzengerade und aus allen Falten ihres prächtigen Hochzeitsgewandes fielen schwere, goldene Taler auf den Wagenboden.

»Nicht Hundert – Tausend heiße ich!« lachte sie schrill in die Luft: »Aber viel ist wenig!« Und tausend Taler lagen zu Füßen des Handelsmannes. Gierig raffte er sie zusammen. Ein heißes Fiebern durchzuckte alle seine Glieder. Jetzt hielt das Gespann vor seinem armseligen Häuschen, und er packte sein Weib und trug es auf beiden Armen in die niedere Stube. Er setzte es in den großen Lehnstuhl und sagte: »Sei nur nicht ungeduldig, bald werden wir in einem schöneren Hause wohnen. Wie im Himmel muß es bei uns sein!«

Seine Braut war müde und nickte gar bald ein. Er aber war so wach wie nie. Geschäftig trippelte er in dem kleinen Raum herum und rieb sich die Hände. Ha! dachte er, jetzt bin ich der Reichste auf Erden. Einen unerschöpflichen Schatz besitze ich. Und in seinen Gedanken stiegen die kühnsten Pläne auf. Ein Schloß wollte er bauen und alles anschaffen, was sich für solchen Reichtum geziemt.

»Und ist das Geld zu Ende – was tut's?« sagte er sich im Geheimen waghalsig: »Was tut das alles? Ich rufe ihren Namen und habe verdoppelten Reichtum.«

Er reckte sich auf wie ein Held und fäustete beide Hände. Rachsucht loderte in seinen Augen. Ein grimmiger Triumph glänzte auf seinem Gesicht. Rache, Ihr Menschen! dachte er, Kniefälle werdet Ihr noch machen vor mir! Anbeten werdet Ihr mich noch!

Und es kam ihm wieder in den Sinn, daß selbst Gott ihn nicht erhöret hatte. Nun brauchte er auch dessen Hilfe nicht mehr. Jetzt wollte er zeigen, was er vermochte.

Zwar war's ihm, als sei er von Gestalt kleiner jetzt und seine Braut überragte ihn schier um Kopfeslänge.

»Groß oder klein, gleichgültig!« schrie er plötzlich hell auf und ergriff hastig den Arm seiner aufschreckenden Frau: »Alles ist gleichgültig, nicht wahr, liebe Tausend?«

Jetzt aber weitete sich mit einem Male seine kleine Stube, wurde hoch und so geräumig wie ein Saal, und Frau Tausend schnellte empor wie eine gesprungene Spiralfeder und häßlich verzerrte sich ihr Gesicht zu einem höhnischen Lachen. »Habgieriger Minus!« schrie sie und spreitete ihre beiden langen Arme aus: »Zehntausend heiße ich, aber viel ist wenig!« Gespensterhaft und dürr stand sie im Halbdunkel und wie ein unwirklicher Feuerregen sprudelten unzählbare Taler aus ihr. Bestürzt blickte der Tuchhändler zu ihr empor, denn sie war viel größer jetzt. Ihm aber war es, als drücke eine unsichtbare Kraft auf seinen Kopf. Er schrumpfte zusammen und wurde immer kleiner. Doch als er jetzt wieder die blinkenden Goldstücke zur Erde rollen sah, keuchte er erstickt: »Noch mehr, goldene Zehntausend!«

»Mein Name ist Hunderttausend, immer mehr, immer mehr – aber je mehr desto weniger!« erscholl es jetzt, und wie dichtes Geflock fielen die Taler und begruben Minus fast völlig. Zitternd vor Schreck griff er wie ein Ertrinkender nach dem Körper seines Weibes und schrie mit letzter Kraft: »Bleib! Um Gotteswillen setz Dich, liebste Hunderttausend!«

Aber nur ein hundertfaches Hohngelächter antwortete ihm. Das Gebälk des ganzen Hauses krachte und schien zu bersten, die Wände wankten und von überall ergoß sich eine Goldflut auf ihn. Verzweifelt schrie er in die grauenhafte Fülle: »Weib! Furchtbares Weib, wer bist Du?!«

Jäh wurde es totenstill und als Minus nach einer Weile die schützenden Arme vom Gesichte nahm, hockte er, klein wie ein Zwerg, auf einem Berg von Talern. Fünf Schritt weit entfernt von ihm saß sein Weib im Lehnstuhl. Wie ein Häuflein Elend, abgehärmt und leichenstarr, war seine Gestalt, und aus hohlen Augen starrte sie auf ihn.

»Wer bist Du denn, Du?!« stieß Minus entsetzt heraus und glotzte nach der reglosen Gestalt.

»Ich? – Du, der Du Dich an meinen Namen hingst wie alle habgierigen Menschen, hast Arbeit und Zeit vergessen und ranntest mir nach! Mir!! Dem Schein, der Zahl, die durch Dich, Du Minus, ein Weniger wurde als Nichts, und immer weniger je mehr es Dich dünkte! – Narr!«

Und jetzt schüttelte sich das Knochengerüst vor Gelächter und schrie höhnisch: »Ja! Ja, Minus bist Du und ich die Zahl, die immer unseliger wurde für Dich, Narr! Nimm doch Dein Gold! Fasse doch Deinen Reichtum, wohlan!«

Minus riß sich herum und fuhr mit beiden Händen in den Goldhaufen, aber – o Schrecken! – Nichts griff er als lauter moderigen Staub, schrecklichen, nutzlosen Staub. Entgeistert schrie er auf und wollte auf das Gespenst los. Doch als er sich nun umdrehte, war es verschwunden und eine Not umgab ihn, schlimmer als je, grauenhafter als seither.

»Was war denn das alles? Herrgott, was fiel mich denn an?« rief er zerknirscht und rieb sich, wie von einem furchtbaren Traum erwacht, die Augen aus! Und da fiel ihm von ungefähr ein, daß er lange nutzlos gegrübelt haben mußte, ohne an seine Arbeit zu denken. Kalt war die Stube, überall hatten die Spinnen Fäden gezogen, auf den Spinden lag fingerdicker Staub und durch die schmutzigen Fenster fiel der helle Tag. Im Kamin die Glut war ausgelöscht und obenauf lag noch das zerrissene Gebetbuch. Er faßte es und las also die erste Seite, die da begann: »Habe Geduld, die Menschen sind nicht wichtig!«

Und weiter las er: »Denn sie achten nur das, was vergeht. Eitel sind sie und jagen der Zahl nach, die aber wird weniger, immer weniger, je mehr sie ihnen scheint. – Lasse Dich nicht beirren – nur das hat Wert, was Du mit Geduld erstreitest ....«

Und da brach eine Erleuchtung über Minus. Die Menschen waren ihm nichts mehr. Er straffte seine Glieder. Draußen stand die Sonne hoch am Himmel. Er packte seine Stoffe, denn es war Zeit zum Wandern. Aufgerichtet verließ er sein Haus und ging wieder in die Dörfer. Glücklich und zufrieden lebte er bis an sein Ende.

Die Legende von der Sehnsucht

Es war einmal vor langer, langer Zeit. Es gab viele Länder auf der Welt, und über jedes Land herrschte ein König. Und die Könige hatten immer nur einen Gedanken, nämlich, immer mehr und immer mehr Land und Macht und Untertanen zu haben. Und siehe da, es gab Krieg, ewig Krieg unter den Völkern. Die Könige sandten immer neue Heere gegen ihre Nachbarländer und es gab schier mehr Tote zuletzt, als Lebendige. Überall ging eine schreckliche Not um. Die Weiber und Kinder hatten nichts mehr zu essen, die Greise starben und weil die Männer alle im Kriege waren, bebaute niemand mehr ein Feld und so wuchs denn auch nichts mehr. Nur die Könige und ihre Familien hatten noch viel zu verzehren.

Eines Tages aber fingen alle Völker an, sich gegen ihre Herrscher aufzulehnen. Die Krieger, die sich ehedem feindlich gegenüberstanden, verbrüderten sich und in jedem Land tötete das Volk seinen König und dessen Ratgeber und Feldherrn.

»Nun hat es ein Ende mit dem Sterben, mit der Not und mit dem Elend!« rief man allerorts, in den großen Städten und auf dem Lande. Die Kriegerheere zogen nach Hause und freuten sich auf den Frieden, auf das Ausruhen und auf das Essen.

Aber es zeigte sich, daß die Not durch das Töten der Könige und ihrer Ratgeber nicht aufgehört hatte. Hunger und Elend waren durch die Verwirrung eher noch größer geworden. Überall wo man auch hinsah, gab es Kranke und Sieche. Überall fielen die Menschen erschöpft um und waren tot.

Da faßte alle Menschen ein großer Schrecken und sie klagten ohnmächtig und schrieen auf zu Gott um Hilfe.

Aber es war, als höre auch Gott nicht. Elend und Not und das Sterben gingen weiter. Die Völker, die ganzen Menschen auf der Welt verzweifelten schier und verfluchten Gott.

Und da ließ Gott einen Schlaf über alle kommen, einen großen, langen, tiefen Schlaf. Kein Mensch konnte mehr von dem Platze aufstehen, an dem er gerade war. Die Augen fielen ihm zu, er sank auf den Boden nieder und schlief. Zuletzt schliefen die Menschen auf der ganzen, weiten, runden Welt.

Und da ließ der Allmächtige den Menschen ein Traumbild erstehen, das die ganzen Tiere der Erde fleißig tätig auf den weiten Feldern und in den dunklen Wäldern zeigte. Der Löwe säte, die Büffel rissen die Erde gleich Pflugscharen auf und die Jaguare legten Pflanzkartoffeln in die Furchen. Die Elefanten sägten Bäume ab und trugen sie auf einen Haufen zusammen und die Affen und Kängurus bauten an großen Blockhäusern. Die Füchse gingen hoch aufgerichtet in schönen Obstbaumpflanzungen auf und ab und gossen die Gemüsebeete, sogar die Mäuse und Ratten machten sich nützlich und jäteten das Unkraut aus. Keine Kreatur war untätig. Wohin die träumenden Menschen sahen, überall herrschte Fleiß und Friede.

Und da hörte Gott die Menschen allesamt im Schlafe selig stöhnen: »Ach, wie schön geht das alles ineinander! Ach hätten wir es doch auch so!«

Und kaum hatten sie das gesprochen, da ließ der Allmächtige sie erwachen und von den Wolken herab erscholl eine weithin hörbare Stimme und rief nur dieses eine Wort: »Wohlan, schaffet!«

Die Menschen aber, als sie sich die Augen ausgerieben hatten, befiel plötzlich wieder die Betrübnis. Denn überall, rundherum, wo immer sie auch hinblickten, sah die Welt verelendet und verwüstet aus.

Zerrüttet standen sie da, die ganzen Völker, und begannen wieder zu klagen und zu schreien und verfluchten Gott, daß er sie aus dem schönen, wohltuenden Traum geweckt und sie in eine solche Trostlosigkeit hineingestellt hatte.

Da erschien Gott unter ihnen und rief donnernd: »Gut also! – – – Ich habe Euch im Traum gezeigt, wie eine Rettung möglich ist, aber Ihr habt sie nicht begriffen. Schweiß und Mühsal wird Euer Lohn sein für und für und nur von Zeit zu Zeit, wenn einer unter Euch ist und den Spaten ansetzt, die Erde anblickt und tiefer in die gegrabene Furche schaut, wird ihm das entgegenleuchten, was ich Euch gezeigt habe im Traum! .... Ihr habet mir geflucht. Ich lege in Eure Herzen ewige Sehnsucht nach dem Paradiese!«

Und als er dieses gesprochen hatte, verschwand der Schöpfer in den Wolken. Staunend sahen alle Menschen auf dem weiten Erdenrund ihm nach und keiner konnte sich den Sinn dieser Worte erklären. Sie standen da, verwundert und zerknirscht, hungrig und hoffnungslos und wußten sich keinen Rat. Tage vergingen. Schwäche befiel sie und ein immer größerer Hunger, und in der Verzweiflung packte auf einmal jemand einen liegengelassenen Spaten und fing zu graben an. Er setzte an und warf die Erde um und siehe da, als er jetzt auf die aufgeworfene Krume sah, leuchtete ihm das Paradies entgegen, das er mit allen seinen Mitmenschen im Traume gesehen hatte.

»Seht doch, das Paradies!« schrie er freudestrahlend den Nächststehenden zu und die sprangen herbei. Aber als sie nun hinsahen war das Zauberbild verschwunden und nichts als die feuchte, schwarze Erde leuchtete ihnen entgegen.

Eine Zeit lang standen alle benommen da. Dann nahmen sie, wie von einer großen Ahnung durchrieselt, die liegengelassenen Spaten und begannen das Land zu bebauen und säeten und arbeiteten friedlich nebeneinander ....

Hin und wieder erzählt einer, er habe aus einer Ackerscholle das Paradies leuchten sehen. Aber es bleibt ein Bild und verschwimmt. Die Sehnsucht danach aber wächst von Jahr zu Jahr seit sie der Allmächtige als Fluch in die Menschen gelegt hat ...

Der Ring

Zwei Handwerksburschen schliefen einst nebeneinander in einem Haus für Obdachlose. Der eine war ein alter, kranker Mann und der andere ein junger Taugenichts. Der Alte fühlte, daß es mit ihm zu Ende ging. Den ganzen Tag hatte es geschneit, während er ziellos durch die Straßen gewandert war. Überall hatte man ihn abgewiesen und jetzt lebte nur noch ein Wunsch in ihm, nämlich: vor dem Einschlafen noch ein wenig was zu essen zu bekommen.

Er wandte sich derenthalben an den jungen Schlafbruder und fragte ihn: »Lieber Kamerad, hast Du nicht ein Stücklein Brot, mich hungert so! ... Du bist sicher mehr Stiegen gegangen den Tag über, als ich alter Mann. Du hast sicher was .... Gib mir nur ein Stücklein Brot, Gott soll's Dir lohnen!«

»Ja,« sagte daraufhin der Junge, indem er auf den goldenen Ring auf des Alten Hand sah, »ich habe auch etwas Brot, aber wie alles Erarbeitete auf dieser Welt bezahlt werden muß, so auch dies .... Gib mir Deinen goldenen Ring, dann kannst Du alles haben, was ich besitze.«

Der alte Mann zog ohne Zögern den Ring vom Finger und gab ihm dem Taugenichtse, indem er schon röchelnd sagte: »Mein Gott, was will ich auch mit dem Ring ... Er könnte mich jede Minute reich machen, wenn ich ihn dreimal drehe, aber es hat damit seinen Haken. Ich rate Dir, laß Dich nicht verführen davon ... Hier, nimm ihn ruhig! ... Sieh', ich muß sowieso sterben! ... Gib mir nur noch in dieser letzten Stunde Dein Brot! ... Gib her!« Und schon ganz schwach atmete er und war auch nicht mehr mächtig, seine Glieder zu rühren.

Da dies aber der junge Taugenichts sah, verzog er hämisch das Gesicht, steckte den Ring in die Tasche und sagte höhnisch: »Nun, wenn Du sowieso sterben mußt, brauchst Du auch nichts mehr zu essen.«

Und siehe da, kaum hatte er die Worte ausgesprochen, da hörte er den Alten noch einmal leise seufzen: »Gott sei Dank, nun ist's aus!«

Und dann streckte er sich und war tot. Nur sein Gesicht war schmerzlich gefurcht, fast wie das eines bitter Weinenden.

Der Taugenichts war froh, auf so leichte Art und Weise den goldenen Wunderring erschnappt zu haben, kümmerte sich nicht weiter um den Verstorbenen und fragte sich nur immerzu: »Warum hat denn der dumme Teufel den Ring nie dreimal gedreht, wenn er doch damit sofort reich hätte werden können?«

Und zweifelnd verzog er seinen Mund und steckte den Ring an den Finger.

»Ach was! Der hat im Tode noch gelogen!« brummte er nach einigem Nachdenken und drehte also dreimal den Ring.

Und eins–zwei–drei, da befand er sich im Saale eines großen, prächtigen Schlosses, steckte in neuen Kleidern und saß an einem überladenen Tisch. Er war so erfreut darüber, daß er wie ein Toller in die Luft sprang und jauchzte und lachte.

»Hui! das laß' ich mir gefallen!« rief er, als er nun die steifen Diener an den Türen stehen sah, »nun, schenkt mir besten Wein ein und bringt mir nach dem Essen was zu rauchen!«

Die Diener flogen, während er aß. Ihm schmeckte es, als hätte er überhaupt noch nie etwas gegessen. Er trank nach Herzenslust und zündete sich die dicksten Zigarren von allen dargereichten an.

»So!« sagte er alsdann, »nun spannt die Pferde ein, ich will durch die Landschaft fahren und abends will ich Musik.«

Und wieder verbeugten sich die schweigenden Diener, liefen und führten in aller Eile seine Befehle aus. Als er von der Spazierfahrt am Abend nach Hause kam, hörte er schon von weitem die Musik und sah alle Fenster des mächtigen Schlosses leuchten. Er sprang hurtig aus dem Wagen, rannte in den hellerleuchteten Saal und schrie aus voller Kehle, als er die herrlich gekleideten Musiker sah: »Hui! Hui! Und man bringe mir recht viele lustige Leute, damit ich richtig zechen kann und sorgt, daß es fröhlich wird.«

Ohne Zögern liefen die Diener. Breit und behäbig setzte sich der Schloßherr unterdessen in den gepolsterten Stuhl, aß und aß und trank und trank und wartete auf die Gäste. Auf einmal aber wurde ihm ein wenig übel und sein Kopf fing an zu brummen. Er nahm schnell ein Glas Schnaps und stürzte es hinunter. Und da ging auch schon die Türe auf und die Gäste kamen johlend und tanzend hereingestürzt. Die Musik spielte lauter und alles war eine Fröhlichkeit.

Da aber auf einmal – mitten in alledem – trat ein armer, zerlumpter Mann durch die Türe und ging auf den Schloßherrn zu und setzte sich schweigend an seine Seite. Trotz aller Befehle rührten sich die Diener nicht und trotzdem der Schloßherr ihm ein Stück Braten hinhielt, nahm er nichts.

Es schien gar kein Mensch zu sein. Es war eher eine Statue. Er hockte da, der arme, zerlumpte Mann und sah ruhig in's Gewirbel des Tanzes.

Der Schloßherr war schon ein wenig betrunken und wollte sich nicht weiter stören lassen durch den unerwarteten Besuch.

»Nun,« sagte er sich, »soll er sitzen bleiben, meinetwegen. Ich will fröhlich sein!« Und aufstand er alsdann, nahm eine Dame in den Arm und begann nach Herzenslust zu tanzen. – Die richtige Lebenslust kam ihm auf einmal wieder!

»Na,« rief er dem Bettler zu, »bleib ruhig da und wenn Du Hunger oder Durst hast, oder Kleider willst oder sonstwas, alles bekommst Du!« Doch der schweigende Alte schüttelte nur hölzern den Kopf und sah den Schloßherrn ruhig an.

Und wieder begann die Musik einen neuen Tanz, wieder drehten sich die Paare und wieder kreischte und quietschte der Schloßherr vor Fröhlichkeit und rief: »Wein! Wein! Wein und Kuchen und Obst und alles Herrliche für den Magen!«

Und die Diener liefen und brachten das Gewünschte. Ein überströmendes Glück beseelte den Schloßherrn. Er hob einen silbernen Becher und trank in vollen Zügen. – Da kam ihn ein Schwindel an. Er mußte sich hinsetzen, gerade neben den Alten. Der Kopf wurde ihm ganz schwer. Und auf einmal fühlte er die Kraft seiner Glieder langsam absterben und schrie, schrie um Hilfe. Aber niemand von den Tanzenden, von den Trinkenden, von den Musikern und den Dienern kümmerte sich um ihn. Nur der Alte lispelte leise: »Jetzt ist Deine Zeit aus.«

»Meine Zeit?! Meine Zeit? ... Ich hab doch erst angefangen! Erbarme Dich!« flehte der Schloßherr und begann zu klagen.

»Sagst Du auch: Gott sei Dank?!« fragte ihn der Alte leise und ließ den Schloßherrn nicht aus den Augen, »ist Dir auch der Tod eine Erlösung, eitler Fant?«

Und da wandte der Befragte sein bleiches Gesicht dem Alten zu und schrie: »Ach, wär ich arm geblieben!«

Da erhob sich der alte, zerlumpte Mann und auf einmal schwieg die Musik, die Tänzer waren wie weggewischt totenstill war es ringsherum.

»Ich habe Dich gewarnt!« sagte der Alte, »jetzt ist's zu spät.«

Und während der sterbende Schloßherr in ein bitteres Weinen fiel, wurde es stockdunkel rundherum und irgendwo begannen schaurige Totenglocken zu läuten. – »Gebt mir zu trinken! Ich verdurste! Gebt mir irgendwas zu trinken!« schrie der Schloßherr noch einmal mit allem Jammer.

»Es ist zu spät! Komm! Auch ich bin hungrig gestorben vor Deinen Augen!« schrie da der Alte mit harter Stimme und nahm den Boden weg und mit einem furchtbaren Schrei versank der Schloßherr.

Dann kam vom Himmel ein Lichtstrahl und leuchtete über dem Alten. Und langsam schwebte er gen Himmel, denn er war leidend gestorben .....

Die heilige Landstraße

I.

Drei Handwerksburschen lagen müßig am Rand einer staubigen Landstraße, knapp vor dem Dorfe. Es war ein herrlicher Sommernachmittag. Klarblau wölbte sich der unendliche Himmel, in ihrem hellsten Glanze lachte die Sonne auf die Erde herab und Grillen zirpten tief in den Feldern, auf denen die Bauern einernteten. Vom Pfarrort, der auf einer kleinen Anhöhe lag, liefen die Kinder nach Hause. Die meisten hatten es eilig und verschwanden bald im Dorfe. Nur zwei Buben blieben zurück und rauften und tollten miteinander, als gäbe es für sie keine Zeit.

»Hans! Michl! Lausbuben! Wollt Ihr gleich heimgehen, Ihr Straßenbuben! Geht Ihr gleich rein!« schrie ihre Mutter aus dem naheliegenden Hause und schimpfte noch wütender, als die Knaben nicht gehorchten.

»Geht Ihr gleich her, Ihr Nichtsnutze!« rief die Bäuerin und reckte die geballte Faust gegen die drei lachenden Handwerksburschen, denen das Raufen der Knaben rechten Spaß machte. »Wollt Ihr, Ihr Stromer! Genau so Taugenichtse seid Ihr wie diese drei Lumpen dort … Ach, diese verfluchte Straße!«

»Dreimal verflucht sei sie!« rief sie ganz atemlos und wollte, da sie sah, daß die Buben nicht auf sie hörten, in das Haus zurück. Da aber auf einmal ereignete sich etwas Wunderbares. Plötzlich war es, als höbe sich der breite Strich der Landstraße, stieg und stieg und schwebte wie ein großes, schlängelndes Band gen Himmel und die Knaben waren nicht mehr zu sehen. Erschreckt, mit einem Aufschrei, rannte die Bäuerin aus dem Vorgarten und blieb jäh stehen. An Stelle der Straße war nur noch ein tiefer, breiter Einschnitt, mit Luft gefüllt und grauenhaft dunkel. Drüben lagen noch immer die drei Handwerksburschen und sahen erstaunt ins hohe Blau, wo der breite Streifen der Straße nun vollends verschwand.

Durch das Geschrei der Bäuerin waren die Leute aus den Feldern gekommen und standen verzweifelt am drüberem Rand der Kluft und aus dem Dorf, aus den Häusern kamen die Weiber und Kinder und alles wehklagte und fragte: »Was ist denn geschehen? Um Gotteswillen, was ist denn geschehen?«

»Die Bäuerin hat die Straße verflucht!« antwortete endlich einer der Handwerksburschen, »jetzt kann keiner mehr hin und her. Die Straße ist verschwunden.«

Und: »Ja,« sagte ein Fremdling, den bis jetzt niemand gesehen hatte, zu den Leuten, »Ja, so ist's! Und nur, wenn sich die Frevlerin in diesen Abgrund stürzt, in dem ihre Kinder sind – nur dann wird die Straße wieder kommen, anders nicht.«

Da machten alle ratlose Gesichter und sahen fragend auf die weinende Bäuerin, die in einem fort jammernd rief: »Meine Kinder! Meine lieben Kinder! Ach, meine Kinder!«

»Wenn Du Deine Kinder wirklich so liebst, wie Du sagst, dann wage doch Dein Leben, Bäuerin!« rief da der Fremdling, »Du wirst sie sicher da unten finden und dann wird auch wieder die Straße da sein! … Du kannst allen Hilfe bringen, wenn Du tust, was ich sagte.«

Schauerlich zuckte die Bäuerin zusammen, furchtbar schrie sie, verzweifelt rang sie die Hände ineinander.

»Dein Weinen hilft nichts! Spring! Spring hinunter! Hilf uns! Spring! Du mußt springen! Du hast uns dies Elend gebracht, spring hinunter!« riefen da die Bauersleute herüben und drüben, und als einer der Handwerksburschen drohend hinwarf: »Ah, die liebt doch ihre Kinder nicht! Die springt nie hinunter!« da machte die beleidigte, zermürbte Bäuerin endlich einen Anlauf und sprang in die tiefe Kluft.

Alle atmeten auf und sahen dankbar gen Himmel, falteten die Hände und blickten dann auf die Straße. Doch die schloß sich nicht. Es war immer noch der tiefe, tiefe Einschnitt, aus dem jetzt wie ein schauriger Gesang das Rufen der hinuntergesprungenen Bäuerin heraustönte: »Meine Kinder! Meine lieben Kinder, wo seid Ihr?«

Da wandten sich die Bauern an den Fremdling und schimpften und flehten: »Was ist's denn, Du? … Warum kommt denn die Straße nicht! .. O, Du Lügner, o Du Elendsbringer! Warum gibst Du uns die Straße nicht wieder?!«

Doch der Fremdling blieb ruhig und führte sie haarscharf an den Rand der grausigen Flucht, deutete mit dem ausgestreckten Zeigefinger hinunter und sagte: »Seht hinunter! Seht Ihr? Hier drunten sind alle Straßen der Welt noch einmal! Und alle laufen über- und ineinander und enden vor einem mächtigen Palast, der hundert und aberhundert Gänge und Türen hat und noch einmal soviel Räume. Und bis die Frevlerin nicht dorthin gefunden hat, wo ihre Kinder sind, so lange kann sich die Kluft nicht schließen, so lange bekommt Ihr die Straße nicht wieder.«

Und groß richtete sich der Fremdling jetzt auf und sagte gelassen: »Geht nun wieder an Eure Arbeit in die Häuser und auf die Felder. Ihr habt gesehen und müßt Geduld haben und warten.«

»Und wird sie denn jemals ihre Kinder finden?« fragten die betrübten Bauersleute: »wie lang wird es denn dauern?«

»Je mehr sie ihre Kinder liebt, desto eher wird sie sie finden. Davon hängt alles ab« antwortete der Fremdling kurz und auf einmal – als die Bauern den Blick zu ihm heben wollten – war er verschwunden.

Eine Weile blieben alle stehen und suchten hilflos herum, dann gingen sie endlich wieder an ihre Arbeit. Nur die drei Handwerksburschen blieben nach wie vor am Straßenrand liegen und sonnten sich. Und als sie so gen Himmel sahen, da war es ihnen, als sähen sie hoch in den Wolken den Fremdling schweben. Immer länger, immer länger wurde seine Gestalt. Ein breites Band war zuletzt nur noch zu sehen und verflüchtigte sich dann.

»Hm,« machte einer der Drei und hob staunend den Oberkörper, »hm das war ja, weiß Gott, die Straße, unsere Straße!«

Und auch die anderen zwei hatten sich aufgerichtet und nickten nachdenklich und brummten: »Ja, das war sie, weiß Gott!«

Alle Drei sahen wieder ins hohe Blau.

II.

Nachdem sie in die Schlucht gesprungen war, landete die Bäuerin, die die Straße verflucht hatte, unversehrt auf einem großen weiten Platz tief unter der Erde. Nach allen Seiten liefen da die Straßen. Es waren schöne breite darunter, gepflasterte und ungepflasterte. Es gab staubige und solche, die ganz lehmig waren. Im ganzen waren es unzählbare.

Nach dem ersten Schrecken schrie die Bäuerin nach ihren Kindern und der Widerhall, der zu ihr zurückkam, hieß allemal: »Such' uns Straßen ab! Such'!«

Die Bäuerin wurde völlig verwirrt, aber die Liebe zu ihren zwei Kindern trieb sie an den Rand des Platzes und rasch entschlossen betrat sie eine schöne breite Straße, die sogleich sagte: »Ich bin die Straße der Reichen, ich führe Dich in ein prächtiges Schloß, wo Du leben kannst, so lange Du willst, und wo Du alles hast, was Du wünschest! Komm nur!«

»Ich will meine Kinder!« rief die Bäuerin flehentlich, »finde ich die, wenn ich Dir folge?«

»Nein, die findest Du nicht«, antwortete daraufhin unter ihr der Straßenboden und die Bäuerin eilte wieder auf den Platz zurück und betrat eine andere Straße. Die war staubig und holperig, aber noch viel breiter, als die erste. »Finde ich hier meine Kinder, wenn ich auf Dir weitergehe?« fragte die Bauersfrau bang.

»Nein, denn ich bin die Straße der Heere. Wenn Du weitergehst, bis an mein Ende, triffst Du große Armeen, Reiter und unzählbares Fußvolk, prächtige Generale und Feldherren in bunten Gewändern,« antwortete da die betretene Straße und lockte: »Geh nur, Du siehst aber auch die Länder der ganzen Welt, wenn du die Heere erreicht hast. Es wird dir gefallen und Du wirst nie mehr wieder zurück wollen!«

Weinend lief die Bäuerin auf eine andere Straße, die von einer anmutigen schattigen Allee gesäumt war. Es schritt sich leicht auf ihr dahin. Links und rechts von ihr dehnten sich saftige Wiesen und sogleich rief die Straße mit freundlicher Stimme: »Komme liebe Wandrerin! Du bist auf dem rechten Wege zum Glück und zur Freude. Ich führe Dich in ein friedliches Haus an einem Bachrand, das steht in einem Dorf, wo lauter freundliche, liebe Menschen wohnen. Komm! Weine nicht, ich bin zwar sehr lang aber es lohnt sich, mich zu beschreiten, komm!«

»Ach, ich will nichts als meine Kinder wieder!« antwortete da die Bäuerin betrübt und lief auf eine andere, lehmige, enge Straße, die sagte: »Ich bin die Straße der Mühe. Komm, Du bist kräftig, komm! An meinem Ende findest Du Ruhe.«

»Aber meine Kinder nicht!« rief die verzweifelte Bäuerin und »Nein, die nicht!« antwortete der Boden unter ihren Füßen.

Die unglückliche Mutter rannte auf den Platz zurück und ließ sich ermattet auf den Boden nieder. Bitterlich weinte sie. Und schließlich betrat sie jede Straße, ohne noch einmal auf das Reden des Bodens zu achten, und lief eine jede bis an ihr Ende. Sie sah Schönes und Schreckliches, Trauriges und Freudiges, sie sah den Frieden und sah den Krieg, sie sah den Reichtum und die Überfälle, sah das unheimliche Laster und die elende Armut, alles, alles sah sie. Und immer, wenn sie eine Straße zu Ende gegangen war, stand sie vor einem mächtigen, düsteren Palast mit tausend geschlossenen Türen und verhängten, vergitterten Fenstern. Und wenn sie an eine Tür anlangte, so erschien eine grelle Schrift auf derselben die lautete: »Geh wieder zurück, wenn Du richtig suchst, öffne ich mich!«

Ganz ermattet kam sie nach vielem, vielem Wandern wieder auf ihren alten Platz zurück und konnte sich schier nicht mehr aufrecht halten. Mit letzter Kraft betrat sie einen steinigen, grasüberwachsenen Weg, der viele Windungen hatte und tief, tief in einen schaurigen Wald führte. So dunkel war es zuletzt um die Bäuerin, daß sie sich nur noch ganz langsam vorwärtstasten konnte. Und überall, von rechts und von links, blökten und brüllten ungesehene Tiere drohend aus dem Dickicht.

»Was bist Du nur für eine furchtbare Straße?« fragte endlich die Bäuerin. Und der Boden unter ihr antwortete: »Geh, ich berge Leid, aber gehe weiter. Wer mich erträgt, der wird belohnt.«

Und im nämlichen Augenblick fing ein furchtbares Gewitter an und Regen strömte auf die Bäuerin herunter und durchnäßte sie ganz und gar. Aber sie hielt sich tapfer. Sie fragte nicht mehr. Soviel sie sich erinnern konnte, war das die letzte Straße, die aus dem Platze herausführte. Die wollte sie noch bis zu Ende gehen und wenn sie ihre Kinder dann nicht gefunden, wollte sie sterben. Sie schritt und schritt und hielt sich mit aller Kraft zusammen. Stunden mochten schon verronnen sein. Sie verlor schier den Mut. Sie fing zu weinen an und dann zu beten, laut zu beten.

Und da – langsam hellte sich der Wald auf, das Gewitter ließ nach und durch die Bäume stachen unzählbare Lichter. Die Bäuerin begann zu laufen und mündete wieder vor dem mächtigen Palast und alle Türen standen offen, alle Fenster leuchteten. Sie rannte ohne Besinnen durch die offene Tür, viele Gänge, durch die eine liebreiche Musik scholl, durchlief sie. Kammer und Kammer, Saal um Saal suchte sie ab und auf einmal hörte sie ihre Kinder lustig singen. Sie rief und lief, riß eine Türe auf und – da standen die zwei Buben und lachten und fielen ihr um den Hals.

Eine Orgel hub an. Und langsam schwebten Kinder und Mutter zur Höhe. Nach kurzer Zeit befanden sie sich auf den Feldern, auf denen die Bauern noch immer ernteten und warteten. Und die Knaben riefen, als ob garnichts geschehen wäre: »Kommt doch auf die Straße, kommt!« Und, ohne daß sie wer aufhalten konnte, liefen sie auf die drei Handwerksburschen zu, die noch immer am Rande der verschwundenen Straße saßen und gen Himmel sahen.

Entsetzt rannten ihnen die Bauersleute nach. Doch siehe da – die Wolken zerteilten sich langsam. Sie hatten sich zusammengezogen und ein Gewitter drohte zu kommen. Siehe da, es wurde wieder hell und klar im Himmel droben und tief im Blau erschien eine schwebende Gestalt, ging langsam, ganz langsam tiefer, ganz herab zur Erde und als man hinsah, war es der Fremdling, der sich jetzt auf den Einschnitt der verschwundenen Straße flach legte und auf einmal glatt und lang und breit und staubig wurde – die verfluchte Straße war wieder zurückgekommen und lag frei und friedlich da, griff ruhig ins gedehnte Land, und die zwei Knaben hüpften drauf und frohlockten. Niemand wehrte es ihnen.

Dankend bekreuzigten sich die Bauern. Die drei Handwerksburschen erhoben sich, und weiterwandernd brummten sie – jeder für sich, aber unermeßlich glücklich: »Heilige Straße! Heilige Straße, wie lieben wir Dich!« –

Das Gleichnis von der rechten Freundschaft

Ein armer Mann kam eines Tages zu seinem Nachbarn, der noch ärmer war, und sagte kurzerhand: »Gib mir Deinen Acker, ich will Dich beim Kauf nicht betrügen.« Der Nachbar nannte eine Summe und der arme Mann raffte sein ganzes erspartes Geld zusammen und erstand das Grundstück. Am andern Tag begann er die vernachlässigte Erde zu bearbeiten und im Herbste trug sie reiche Frucht. Der Nachbar sah dies und bekam Neid. Als er noch den Acker besaß, hatte derselbe nie soviel Segen gebracht. Er kam zum armen Mann ins Haus.

»Du hast mich doch betrogen mit dem Kauf,« sagte er mürrisch: »Der Ertrag dieses einzigen Herbstes brachte Dir schon soviel, als Du mir für das Grundstück gabst.« Aber der arme Mann ging schweigend aus der Stube. Betroffen kehrte der Nachbar heim und sagte zu seinem Weib am kargen Abendtisch: »Mich verfolgt nur das Unglück.« Und er hatte ein betrübtes Gesicht.

»Morgen bebauen wir unseren Garten. Es ist guter Boden,« sagte sein Weib tröstend.

»Aber so klein ist er,« meinte der Nachbar.

Sein Weib gab keine weitere Antwort und am anderen Tag, in aller Frühe, bearbeiteten die Beiden das winzige Stück Erde. Der Herbst kam und schenkte gute Früchte.

Aber der gekaufte Acker des armen Mannes nebenan war dreimal so groß und stand noch viel mehr im Segen. Schmerzlich sah es der Nachbar.

Zwei solcher Herbste gingen vorüber. Da, an einem Tag, trat der arme Mann an den Gartenzaun seines Nachbarn und sagte: »Nimm Deinen Acker wieder.«

Nicht wissend wie ihm geschah, nickte der Angesprochene nur schweigend. Und überwältigt von Rührung rief er alsdann: »Du guter Freund!«

Doch der Arme machte eine abwehrende Geste mit der Hand, sagte nur: »Jetzt nicht mehr!« und ging in sein Haus.

»Jetzt nicht mehr? ... Wie meint er denn das?« fragte der Nachbar sein Weib.

»Ich weiß auch nicht,« war deren Antwort.

Als es Abend geworden war, trat der Nachbar in das Haus des armen Mannes und fragte: »Wie hast Du das gemeint mit dem, daß Du jetzt nicht mehr mein Freund bist?«

Da sagte der Angesprochene: »Gib mir Deinen Acker und Deinen Garten.«

Bestürzt sah ihn der Nachbar an.

»Warum?«

»Weil ich wieder Dein Freund sein will,« antwortete der arme Mann.

Erst nach einer Weile fand der Nachbar wieder zum Wort zurück.

»Ist das denn Freundschaft, wenn man seinem Nächsten alles wegnimmt?« fragte er.

Der arme Mann nickte bejahend.

»Warum?« fragte der Nachbar wiederum.

»Weil es eine Sehnsucht in Dir aufweckt, soviel zu sein wie ich! Weil der recht Haß in Dich kommt, Dich an mir zu messen!« antwortete der arme Mann.

Da aber der Nachbar nicht begreifen konnte, erzählte er ihm folgende Geschichte:

»Als ich noch ein Knabe war, hatte ich einen Schulkameraden. Der war sehr gelenkig und rang gerne. Jedes Mal war er der Sieger. Das versetzte mich in Wut. Ich raufte so oft mit ihm, bis ich seiner Herr wurde. Als ich ihn erstmalig zu Boden brachte, freute er sich so, daß er mich küßte und von da ab waren wir Freunde.«

Da funkelte eine stille Erleuchtung in den Augen des Nachbarn.

»Du bist mein Freund, wahrhaftig!« rief er und drückte den armen Mann die Hand.

Seit dieser Zeit ist Segen auf den Feldstreifen des Nachbarn.

Nachwort zur Wiederauflage von Oskar Maria Grafs poletarischen Märchen

»Dem Bürgertum steht sein Nachwuchs gegenüber als Erbe; den Enterbten als Helfer, Rächer, Befreier. Das ist der hinreichend drastische Unterschied. Seine pädagogischen Folgen sind unabsehbar.«[1] Diese Sätze Walter Benjamins aus seiner Rezension zu Edwin Hoernles Buch über *Grundfragen der proletarischen Erziehung* von 1929, also aus den hoch politisierten Jahren der Weimarer Republik – dem »Chaos des Heute« (vgl. S. 9) – bilden das Bezugsfeld, um einen für uns überraschenden, wenn nicht gar verwirrenden Begriff wie den des ›proletarischen Märchens‹ zu profilieren. Daß Erziehung als »Funktion des Klassenkampfes«[2] gilt, hatte seine Konsequenzen für die Kinder- und Jugendliteratur. Dem Mythos vom anonym formulierten ›Volksmärchen‹ setzte eine sich als ›proletarisch‹[3] verstehende Literatengruppe eigene, absichtsvoll auf ›Tendenz‹ bauende Erzählformen entgegen. Von 1920 bis 1925 waren bereits an die 20 Märchenbände erschienen.[4]

Deren Differenz zur Tradition der Grimm-Märchen bringt eine knappe Formel auf den Nenner: Früher begannen Märchen »Es war einmal …«, das proletarische Märchen mündet in ein »Es wird einmal sein …«.

Wieland Herzfelde, dem man die Anregung zu Grafs *Frühzeit* (1922), dem ersten Teil von *Wir sind Gefangene* (1927) verdankt, hatte in den

[1] Walter Benjamin, *Eine kommunistische Pädagogik*. In: W.B., *Gesammelte Schriften* III, hg. von H. Tiedemann-Bartels. Frankfurt/M. 1972. S. 206-209. Hier S. 206.

[2] ebd. S. 207.

[3] Vgl. das dreimal beschworene Leitwort in der Einleitung von Dr. Manfred Georg, das einen selbstbewußt-positiven Beiklang hat.

[4] Vgl. Bernd Dolle-Weinkauff, Das Märchen in der proletarisch-revolutionären Jugendliteratur der Weimarer Republik 1918–1933. Frankfurt/M. 1984 S. 113.

Jahren 1923 und 1924 vier Bändchen *Die Märchen der Armen* herausgebracht. Hier kamen erstmals Vertreter der literarischen Intelligenz statt der Arbeiterschriftsteller zu Wort, die in der Vorkriegszeit die Gattung geschaffen hatten; die Illustrationen stammten von namhaften Künstlern wie George Grosz, John Heartfield und Heinrich Davringhausen. Die Reihe startete mit Hermynia zur Mühlen, der Autorin, die als die Protagonistin der Gattung gilt. Im Vergleich mit ihr, mit Lisa Tetzner und Béla Balázs (um die wichtigsten Autorennamen zu nennen) ist Graf nur eine Randerscheinung in der durch die deutsche Politik sehr begrenzten Gattungsgeschichte dieser Märchen. Sein Buch, das bei einem einschlägig links-kritischen Berliner Verlag herauskam, stand zudem im Schatten des im selben Jahr in einem Münchner Publikumsverlag erschienenen Erfolgsbuch *Wir sind Gefangene*. Welches literarische Gewicht jedoch darin steckt, bleibt vor dem Hintergrund der Gattungsgeschichte erst noch zu sichten; es lohnt in jedem Falle die Neuauflage!

Nach ihrer Hochzeit vor dem Dritten Reich erlebten die proletarischen Märchen danach – wie Grafs Werk auch insgesamt – eine Renaissance allenfalls in der DDR; für BRD-Leser blieben sie, von vereinzelten Dissertanten aus der 68er-Generation abgesehen, ganz im Schatten der deutschen Teilung. In zwei einschlägigen Märchen-Lexika fand ich keinerlei Erwähnung dieses Ablegers der Gattung. Graf selbst nahm *Das Märchen vom König* und *Hinkefuß* in seinen Roman *Er nannte sich Banscho* auf, der im Exil vor 1945 entstand, aber erst 1964 in der DDR erschien. Die Titelfigur erzählt sie begeisterten Kindern.

Aus dem Schatten der Teilung konnten Grafs Werke nach 1945 zwar weitgehend herausgeholt werden, seine »Sammlung zeitgemäßer Märchen« allerdings blieb am Rande. Sie erscheint hier in einer Zweitauflage, d.h. erstmals als ein vollständiger Nachdruck mit dem wenig bekannten, aber aufschlussreichen Vorwort der Erstausgabe. Antiquariatspreise für die Erstausgabe bezeugen, um welch ein Rarissimum es sich bei diesem Buch handelt.

Von den 14 Texten des Bandes erlebten nur sechs einen Wiederabdruck in der Graf-Werkausgabe von Wilfried F. Schoeller[5]. In seinem Nachwort erklärt der Herausgeber Grafs Entscheidung für ein Märchen-

[5] In der Ausgabe der Büchergilde Gutenberg Frankfurt 1988, und in der List-Centenar-Ausgabe München 1994; jeweils Band XI, 1 S. 338 – S. 375. –

buch mit der attraktiven »Möglichkeit, sozialkritische Aussagen zum Exempel zu erheben«; zudem habe ihm diese Gattung eine »Entlastung von den autobiographischen Einzelheiten, die in *Wir sind Gefangene* (im gleichen Jahr veröffentlicht) so sehr andrängten«, geboten.[6]

Darüber hinaus erklärt die immer wieder betonte Lust des Autors am mündlichen Erzählen die Wahl dieser Gattung: Seinen Neigungen drängten sich die jahrhundertelang auf Mündlichkeit gestellten Erzählformen sowie die frisch etablierten *Märchen der Armen* im Verlag seines Freundes fast notwendig auf.

Aufschlussreich bleibt, dass der Autor in diesem Buch ohne den sonst üblichen bairischen Dialekt auskommt: Die Gegenstände dieser Texte sind nicht regional gebunden und können auch noch immer auf Resonanz rechnen.

Am Anfang der Sammlung steht mit *Wollgramm* das Thema der Arbeit und setzt auch gleich einen wichtigen Akzent: Die Staatsmacht vernichtet den, der sein Recht auf Arbeit einfordert. Aber über dieser Macht schwebt danach als Fluch die Anklage, menschliche Grundrechte verletzt zu haben.

Graf knüpft mit dieser Motivik und seinem Personal zweifellos an Heinrich Heines Lied *Die schlesischen Weber* an: Deren dreifacher Fluch erstens auf Gott, zweitens auf den »König der Reichen« und drittens auf das »falsche Vaterland« stimmt auf die Trias ein, die eindrucksvoll weiteren Märchen präludiert. Seine über ihre Zeit hinaus gültigen Texte liefern dabei eine nicht nur zeittypische Infragestellung dieser ›Werte‹, sie hebeln die einst für ›unpolitisch‹ gehaltenen pädagogischen Ziele Königstreue und Vaterlandsliebe aus[7]. Wer heute im Internet nach den drei Grundbegriffen sucht, die andauernd den deutschen Chauvinismus fundieren – »Mit Gott für König und Vaterland!« – kann sich leider davon überzeugen, wie aktuell die kritischen Märchen noch heute sind.

[6] Ebd. S. 596.

[7] Vgl. die Zitate aus der Reichstagsrede Karl Liebknechts von 1910 in: Dieter Richter (Hg.), *Das politische Kinderbuch. Eine aktuelle historische Dokumentation* (collection alternative 1) Darmstadt und Neuwied 1973. S. 11. – Dort auch Belege dafür, dass den Kindern der Armen »die Märchenwelt [...] verschlossen bleiben« müsse. Ihre Lektüre solle nicht »über die Glücksgüter hinausgehen, die sie sich erwerben können.« (S. 26f.).

Im zweiten Text *Was das Vaterland einmal erlebte* prüft ähnlich wie der legendäre Harun al Raschid das personifizierte Vaterland die Bevölkerung auf ihre Solidarität mit einem Hilfebedürftigen. Es erlebt auf seinem Weg zu diversen Repräsentanten des Landes den Egoismus der Bürger und Mitgefühl allein bei dem Alten im Sandkasten; gleich an seiner ersten Station bei den zu Zeiten Grafs besonders aktuellen chauvinistischen Veteranenverbänden des Ersten Weltkriegs erntet es vor allen späteren Stationen die herbste Abfuhr: Mit patriotischen Gesängen prügeln die Bratenrockträger das Vaterland auf die Straße, das leere Pathos ihrer Lieder bringt den besungenen Begriff völlig um seinen Gehalt; das personifizierte Vaterland endet resigniert.

Die Güte der höchsten Instanz, den fürs Vaterland angerufenen Gottvater, setzt Graf im sechsten Märchen hilf- und wehrlos den menschlichen Wünschen aus – wohl auch denen für den Sieg von König und Vaterland. Gott kann unter den Wünschenden keinen ‚guten Menschen' finden; sein Aufruf zur Güte trägt ihm sogar den Vorwurf ein, das Volk aufwiegeln zu wollen. Anders als das Vaterland findet er nicht einmal bei den Obdachlosen ein Unterkommen, sodass ihm nur die Rückkehr in den Himmel bleibt. Um *Die Wette im Himmel* mit der Tarock bzw. Sechsundsechzig spielenden Dreifaltigkeit nicht ganz als Blasphemie ablehnen zu müssen, sollte man sich die Allgegenwart und Alltäglichkeit der vielen Dreifaltigkeitssäulen in bayrischen Dörfern vergegenwärtigen. Auch mit dem Kruzifix im Herrgottswinkel vieler Stuben trieb man seinen gutwilligen Spott. Zudem hatte damals die Freidenkerbewegung bedeutenden Einfluss.

Das Märchen vom König schließlich bietet die bitterste, weil unmittelbarste und zeitnächste Abrechnung mit einem jener drei Grundbegriffe des Chauvinismus, gegen die schon Heine polemisierte: Graf lässt einen »Michel«, das ist die nationale Personifikation der Deutschen, die Ablehnung der sich nur passiv dem König widersetzenden Mitbürger bündeln und zum Generalstreik gegen den geforderten Krieg aufrufen. Es sind – exemplarisch – Arbeiter und Soldaten, die den Appell befolgen und damit auch die Reichen zur Flucht vor dem König bewegen. Um ihn dann zu stürzen, bemüht Graf aus dem traditionellen Figuren-Arsenal der Märchen einen rettenden Geist, eine Macht, die mit einem Höllensturz das vom König angerichtete Grauen, die Not und das Unrecht rächt. Es war wohl der erlebte Misserfolg der Arbeiter- und Soldatenräte aus der Münchner Revolution[8], der Graf hier, wie auch in anderen Märchen, die Realität verlassen (vgl. *Baberlababb, Der Ring* und *Die heilige Landstraße*) und einen Deus ex Machina als höhere Macht beschwören ließ. Immerhin hat dieses Märchen ein Happy End (dieses wird allerdings leicht eingeschränkt durch die *Legende von der Sehnsucht*, in der erst dem Volk ein Ziel gesetzt werden muss – siehe unten).

Anders als mit diesem Happy End lässt Graf Gottvater und König, die Protagonisten der anderen beiden Märchen, unglücklich enden: Das Vaterland muss darben, der Begriff erscheint entleert, und der liebe Gott darf noch immer keinen guten Menschen finden.

Auf einen konkret-individuellen Fall verengt das *Hinkefuß*-Märchen, fast eine reale Kurzgeschichte ohne jede märchenhafte Zutat, das Thema staatlichen Rechtsbruchs; es erweitert aber den Horizont überindividuell auf die weltweite Frage nach Art und Weise der Aneignung von Kolonien.

Eine besondere Zuspitzung erfährt das Thema des Rechts in dem, was *Der alte Jeromir erzählt*: Graf vertritt hier anarchistische Grundsätze, wenn die Einführung des Gesetzes, statt Verhältnisse in der Gesellschaft zu klären, ein Paradies beendet und dauernden Unfrieden begründet. Die Märchen ergänzen einander nicht nur, sie bieten thematische Zuspitzungen.

Als ein weiteres Motiv durchzieht viele Erzählungen der Wunsch nach Veränderung – nach dem »es wird einmal sein …« der proletarischen Märchen. Zwei der Texte setzen explizit auf die als ein Gottesgeschenk verstandene Sehnsucht (vgl. S. 66): Im *Gleichnis von der rechten Freundschaft* wird die Ungleichwertigkeit der Freunde individuell durch die »Tapferkeit vor dem Freund« – um mit einem zeitnäheren Begriff von Ingeborg Bachmann die Aktualität zu bestätigen – ausgeglichen. In der *Legende von der Sehnsucht*, die wie *Das Märchen vom König* Grafs Erfahrungen aus der Münchner Rätezeit verarbeitet, geht es um nach-revolutionäre Verwirrungen. Aus ihnen weist die Sehnsucht den Weg hinaus in eine paradiesische Zukunft,

[8] Wer *Wir sind Gefangene* kennt, wird verstehen, wie sehr der Autor hier seinen Frust abreagiert.

auf das metaphorische »Getreidefeld in Deutschland«, von dem Manfred Georg im Vorwort zur Sammlung als Fundament des »Zeitgenossen« für »die Kommenden« (S. 11), spricht.

Zweimal begründen also statt äußerer Motive die von den Figuren ausgehenden Anstöße bzw. die in sie gelegte Verfassung die Happy Ends der Märchen. Angesichts des heutigen status-quo-Beharrens fällt mir dazu Funny van Dannens schmachtendes Lied ein, das nach dem Verbleib des »Fanclubs der Sehnsucht« fragt: »wo ist er geblieben?« und Sebastian Krämers Doppel-CD *Akademie der Sehnsucht*. [...]

An den erwähnten Beispielen kann man einen Eindruck von der Vielfalt des Erzählens gewinnen, die Graf von Hermynia zur Mühlen unterscheidet; sie entwickelt in *Was Peterchens Freunde erzählen* allein aus der Situation des kranken und einsamen Kindes sechs Märchen. Bei Graf deuten bereits die in den Titeln gewählten Gattungen ›Legende‹ und ›Gleichnis‹ sowie der historisch nachvollziehbare Stoff des *Hinkefuß* auf eine weiteres Spektrum seiner mehr als nur ›zeitgemäßen‹ Märchen.

Aber noch viele weitere Aspekte bereichern das thematische Spektrum in *Licht und Schatten*: Geld und Wohlstand werden dreimal mit unterschiedlicher Wertung durchgespielt. Für den Titelhelden von *Der goldene Knopf*, der sein sinnloses Dasein auf fürstlichem Wanst und Weste flieht, stellt die Umwidmung zum Geldstück ein Lebensziel dar: Er will nützliches Zahlungsmittel sein, durch die Hände vieler Leute wandern und sie bereichern. In *Der Ring* stirbt der Handwerksbursch, nachdem ihn ein Zauberring zum hartherzigen Schlossherrn werden ließ, der auf kein Betteln reagiert. Und in *Viel ist wenig* durchläuft der schon per Namen im Schuldenbereich angesiedelte Kaspar Minus die Einsicht, dass die Zahl betrügt. Erst als er ihnen absagt, die ihn trotz höchster Werte immer wieder als Minus zurücklassen, ergibt der Verzicht bei ihm das märchenhafte Happy End.

Zwei weitere Texte scheinen aus der politischen Thematik hinauszuführen: *Baberlababb* und *Die Worte*. Beide widmen sich zentralen Themen der Entstehungszeit: Einmal einem Lehrer, den die Kinder mehr fürchten als die Unbilden der Natur; er repräsentiert ein autoritäres Schulsystem, gegen das sich damals die Reformpädagogik in Stellung brachte.

Zur Sprachkritik in *Die Worte* assoziiert man die Sprachkrise der

Dichter vom Jahrhundertanfang, die sich zur Sprachkritik des Karl Kraus in seiner Zeitschrift *Die Fackel* verschärfte. Graf lässt sie drastisch zu einem kläglich endenden Aufstand personifizierter Wörter geraten: Aber der Autor hat selber schon mit der Darstellung des inflationären Gebrauchs von »Vaterland« und »Gott« den Verlust der Inhalte eingeklagt, die sich einmal mit den Wörtern verbanden; zudem hat er mit Hinkefuß' Vornamen *Nämlich* der zur Person gewordenen Konsequenz, wie auch mit dem Umfunktionieren des abfälligen *Baberlababb* zur hilfreichen Beschwörung gezeigt, wie aussagekräftig Wörter werden können, wenn ihnen erzählend ein Inhalt zuwächst. Damit revoltiert er gegen den Verschleiß, das Eingesperrtsein und schreibt einzelnen Wörtern wieder Bedeutung ein (sein Aufgreifen des Dialekts in den umfangreicheren Erzählwerken ist in eben diesem Sinne zu verstehen).

Aus der Reihe der bisherigen Märchenerzählungen, für die sich Kontexte und Horizonte relativ leicht einstellen, fällt für mich *Die heilige Landstraße* heraus. Dafür dass die Mutter so hart bestraft werden muss, weil sie die Straße als Ort der »Taugenichtse« (S. 90) verflucht, bedarf eines weiteren Überblicks, um Graf hier zu verstehen: »Straßenjunge« ist nach dem Deutschen Wörterbuch der Gebrüder Grimm (Band XIX von 1957) »meist scheltend gemeint«. Graf jedoch widmete einen Erzählband den *Dorfbanditen*[9], später für eine Neuauflage im Untertitel als »Halbstarke« etikettiert. In seiner *Reise in die Sowjetunion 1934* begeistert er sich für die Bresprisorni[10], die Straßenjungen, die ihn an Gorkis wie auch an seine eigene Jugend denken lassen und die er gegen russische Ordnungspersonen verteidigt. Außerdem fällt dem Graf-Kenner *Die freie Straße* ein, eine von 1915 bis 1918 erschienene, von Grafs Freund Franz Jung u. a. herausgegebene anarchistische Zeitschrift, in der er einige seiner ersten Gedichte veröffentlicht hatte.

[9] Oskar Maria Graf, *Dorfbanditen. Erlebnisse aus meinen Schul- und Lehrlingsjahren.* Berlin 1932. Unter neuem Titel und in neuer Zusammenstellung: OMG, *Größtenteils schimpflich. Von Halbstarken und Leuten welche dieselben nicht leiden können.* München 1962.

[10] Oskar Maria Graf, *Reise in die Sowjetunion 1934. Mit Briefen von Sergej Tretjkow und Bildern* (Sammlung Luchterhand 1012). Hamburg Zürich 1992. S. 73–76. – Vgl. auch Tretjakows Bericht: Sergej T., *Oskar Maria Graf.* In: *Jahrbuch der Oskar Maria Graf-Gesellschaft 1997/98.* S. 71–111, hier S. 109f.

Zur Entstehung

Licht und Schatten erschien im Jahr 1927, in dem Grafs Erfolgsbuch *Wir sind Gefangene* sowie zwei Erzählsammlungen herauskamen: *Wunderbare Menschen* ¬ anrührend positive Erinnerungen an seine Zeit als Dramaturg einer Münchner Arbeiter-Bühne ¬ und *Im Winkel des Lebens* ¬ kritische Bauerngeschichten aus Oberbayern mit einem Meisterwerk wie *Raskolnikow auf dem Lande*, zusammengestellt für die Büchergilde Gutenberg.

Diese beiden Bücher erschienen als Zweit- bzw. Dritt-Auflage ebenfalls in der edition monacensia beim Allitera Verlag 2010 bzw. 2013.

Man kann in *Licht und Schatten* eine Art Familienunternehmen sehen: Das Buch ist der Tochter Annemarie (*1918) aus Grafs kurzer erster Ehe mit Caroline Bretting gewidmet, die seit ihrer Geburt bei der Großmutter in Berg am Starnberger See, Grafs Geburtsort, aufwuchs. Manfred Georg[11], der das Vorwort lieferte, war ein Stiefbruder der Miriam Sachs, eben jener »jüdischen Studentin, die ihm die große Helferin seines Lebens wird« (vgl. S. 10). Graf lebte mit ihr schon seit 1918, also Annemaries Geburtsjahr zusammen.

Licht und Schatten erschien in einer Reihe »Jugendbücher«. In gelbes Leinen gebunden, mit Titel, Untertitel sowie einer ornamentalen Rahmenleiste in Goldprägung macht es einen noblen Eindruck. Die »Neue Gesellschaft« in Berlin-Hessenwinkel, in der Nachbargemeinde zu Friedrichshagen, wo sich seit Ende des 19. Jahrhunderts eine Vielzahl moderner, der Bohème naher Literaten angesiedelt hatte, veröffentlichte kritische Literatur, sowohl fiktive Werke als auch tagespolitische Schriften.

Zu den zehn in *Licht und Schatten* noch vor dem Inhaltsverzeichnis angekündigten Bänden der *Jugendbücher der Neuen Gesellschaft* gehören: eine Leo Tolstoi- und eine Heinrich Heine-Auswahl; *Amerika,*

[11] Manfred Georg (1893–1965), später im US-Exil: George, war ein bedeutender Publizist während der 20er Jahre, der nach mehreren Exilstationen ab 1938 in New York beim *Aufbau* arbeitete und diese Zeitung zum bedeutenden Exil-Journal machte; auch Graf schrieb dafür; die frühe Verbindung von Graf und Georg erhält damit viel Gewicht.

Leben, Arbeit und Dichtung herausgegeben von Arthur Holitscher (einem seinerzeit berühmten Reiseschriftsteller, der 1912 mit einem Amerika-Buch einen großen Erfolg hatte); *Der Arbeiter in der bildenden Kunst; Aus dem Leben eines Arbeiterkindes* von Henny Schumacher (einer ihrerzeit maßgeblichen Kindergartenpädagogin und Mitglied des Bundes Entschiedener Schulreformer; sie gab 1929 einen Sammelband *Junge Helden. Proletarier-Geschichten* heraus). Es war also keine gleichgültige Reihe, in die man Grafs Geschichten aufnahm, sie fügten sich in einen programmatischen Rahmen. Jeder Band wurde laut Anzeige »vornehm kartoniert« für 0,75 Mk. und »in Leinen gebunden mit Goldpressung« für 1,75 Mk. angeboten.

Wie bei fast allen Erstausgaben der Bücher Grafs findet sich auch in diesem am Schluss eine Aufzählung seiner in unterschiedlichsten Verlagen »bisher erschienenen Werke«. Solche Listen gehörten ebenso wie auch die zu den einzelnen Texten nachweisbaren früheren Vorab- und späteren Nachdrucke in diversen Journalen zu seiner Geschäftspraxis und Selbstinszenierung als Autor. Geschäftstüchtig verwertete er seine Erzählungen mehrfach: Bei *Wollgramm* werden sechs, bei *Die Worte* sogar zehn solcher Drucke außerhalb der Sammlung gezählt, darunter im *Simplicissimus* schon 1926, sowie später in Periodica der Exilländer Tschechoslowakei und Kanada; auch in dem von Peter Glotz und Wolfgang R. Langenbucher herausgegebenen und mehrfach nachgedruckten Lesebuch *Versäumte Lektionen* von 1965ff. sowie in weiteren Schulbüchern findet man *Die Worte*.[12] Die Texte fanden anhaltend weiten Anklang!

Für die frühe Rezeption des Bandes kann Sheila Johnson nur einen nicht zuordenbaren Zeitungsausschnitt[13] anführen, der auch wenig verständnisvoll die Texte als »keine Märchen, sondern mehr oder weniger fadenscheinige Einkleidungen [...] aus politischer Tendenz und nicht aus echter Märchenphantasie« erklärt. Johnson meint, dass Manfred Georgs Vorwort, wäre es als Rezension erschienen, dem Buch mehr Resonanz eingebracht hätte.

[12] Zu den Einzelveröffentlichungen vgl. die Nachweise bei Helmut F. Pfanner, *Oskar Maria Graf. Eine kritische Bibliographie*. Bern u. München 1976. Titelregister S. 719ff. – Und: Sheila Johnson, *Oskar Maria Graf: The Critical Reception of his Prose Fiction*. Bonn 1979. S. 120-123.

[13] Vgl. Sheila Johnsons Buch in Fußnote 12, S. 121.

Editorische Notiz

Diese 90 Jahre (!) nach der Erstauflage herausgegebene zweite Auflage von Grafs Märchen-Sammlung erscheint als dreizehnter Band in der Graf-Ausgabe der *edition monacensia*; die Reihe bietet Nachdrucke, mehrheitlich Sammelbände mit Erzählungen im originalen Zusammenhang; die Bände sind textkritisch durchgesehen und mit einem philologischen Nachwort versehen.

Die Ausgabe von *Licht und Schatten* folgt, von der Korrektur weniger Druckfehler bzw. orthographischer Inkonsistenzen abgesehen, der Erstausgabe. Diese unterscheidet sich von den drei in Fraktur gesetzten anderen Graf-Büchern des Jahres 1927: Sie ist in Antiqua-Schrift gesetzt.

Ulrich Dittmann

Weitere Bände von Oskar Maria Graf in der edition monacensia:

Der harte Handel. Ein bayerischer Bauernroman
128 S., Paperback, ISBN 978-3-86906-012-5, € 14.90

Notizbuch des Provinzschriftstellers Oskar Maria Graf 1932. Erlebnisse, Intimitäten, Meinungen
164 S., Paperback, ISBN 978-3-86906-010-1, € 14,90

Dorfbanditen. Erlebnisse aus meinen Schul- und Lehrlingsjahren
124 S., Paperback, ISBN 978-3-86906-011-8, € 12.90

Die Chronik von Flechting. Ein Dorfroman
180 S., Paperback, ISBN 978-3-86906-006-4, € 16.90

Finsternis. Sechs Dorfgeschichten
164 S., Paperback, ISBN 978-3-86906-008-8, € 14,90

Wunderbare Menschen. Heitere Chronik einer Arbeiterbühne nebst meinen drolligen und traurigen Erlebnissen dortselbst
136 S., Paperback, ISBN 978-3-86906-009-5, € 12.90

Gelächter von außen. Aus meinem Leben 1918–1933
416 S., Paperback, ISBN 978-3-86906-007-1, € 28.00

Zur freundlichen Erinnerung. Acht Erzählungen
108 S., Paperback, ISBN 978-3-86906-004-0, € 12.90

Bayrisches Lesebücherl. Weißblaue Kulturbilder
124 S., Paperback, ISBN 978-3-86906-005-7, € 12.90

Im Winkel des Lebens. Erzählungen
152 S., Paperback, ISBN 978-3-86906-013-2, € 12.90

Einer gegen alle. Roman
172 S., Paperback, ISBN 978-3-86906-597-7, € 14.90

Mitmenschen
216 S., Paperback, ISBN 978-3-86906-705-6, € 16.90